林麗娟 著

台中城市輕旅行

文創×美食×品味 一網打盡

作者自序

給自己這麼放鬆的一天，睡到自然醒，找個很有文創特色的地方享用早午餐，親近來自小農粗糙雙手和純良心意的友善農產品，下午喝杯新鮮香醇的咖啡搭配正統的法式糕點，又或者在茶香裡品味心靈的風景。

在美食記者工作中接觸到「好好 good days」、「格蕾朵」、「歐貝納」時，不但期待著下回再去，心裡更萌生一種想把它們介紹給大家認識的渴望；到久別重逢的日本友人乙骨正弘「茶寮侘助」一吃咖哩飯就驚為天人，才知道他始終沒有放棄對於中日茶道的熱愛；每次身處「向日葵農場」、「又見一炊煙」或是「千樺花園」總有完全舒放的感覺；我會到「上下游市集」去買小農的現磨花生、無毒百香果等等，也盼著更多人支持美好生活的理念。

這些店家當中，多半是原本跑新聞就已認識的，有的是我視為「隱藏版」美食店的如「茶寮侘助」；有的是經常光顧的店家如「斐麗生活蔬食」、「歐貝納」、「台中刑務所演武場」；有的則是因本書一見鍾情的如「活力文化咖啡館」、「一瓣心香」、「珈琲院」；此外，感謝擔綱攝影的陳招宗引介優質店家如「茶米店」、「百二歲」、「譜戀」，靜宜大學觀光事業學系陳貴凰教授推薦「the Table 森製菓」、聯合報記者友人黃寅帶路「雲道咖啡」，終於完成了設定名單、聯絡、採訪拍照、撰寫等等一連串的工作，好比是一場五十家好店的接力賽，只不過唯一一組的選手我和攝影師得跑完全程。

台中的早午餐、下午茶店家何其多，篩選的主要標準有二，一是既談美食，那麼食物須得有一定的水準，六十分不夠，八十分起跳；二是要與文創有所聯結，「文化」意指在追求具體文明成果過程中，群體共同推動而在藝術、科學、宗教、法律、飲食、民俗習慣等方面所獲得的成績；「創意」是創造新意、新構想，書中五十家店於食物以外，也要顯現出個別的文化創意，讓它獨特出眾，有所不同，所以，我儘量找出讓人能感受到文化創意的店家，例如「雲道咖啡」結合了種樹文創，「茶米店」結合了茶藝年輕化文創，此外，也納入「上下游市集」、「范特喜」、「宮原眼科」這種比較屬於純粹文創特色的六家店。

最初在著手調查資料、篩選適合約訪的對象階段，我還刻意在網路上瀏覽有沒有所謂的「台中最受歡迎的早午餐、下午茶店」這類名單，發現並沒有正式的 TOP 10，而只是部落客個人的認定和發動按「讚」，然而我還是不敢掉以輕心，按圖索驥地去實地體驗「田樂」、「目覺」、「haritts 台灣 1 號店」等等，認為可行，才列入名單，但在進一步約訪時，緣於負責人並不會在店裡或店長無法決定是否受訪，所以對於店主人創業故事、經營理念部分，難以細述。

撰寫《台中。城市輕旅行》之初，想到要花大量時間成本、超出心底金錢預算，一家家、一站站地跑完接力賽，一度視為苦差事，幸好「四塊玉文創」出版社求好不求快，同意給我充裕的時間，攝影師陳招宗不計時間付出地配合我，部分店家如「台中刑務所演武場」、「薰衣草森林」為求全書呈現更佳效果，願意提供一些我們無法現場拍到的照片，我都銘感五內。

也就是隨著克服先期困難的歷程，我單純的採寫工作昇華了，舍我其誰，把「為讀者引路到優質文創早午餐、下午茶好所在」視為無可替代的使命感，若本書只是介紹去哪裡吃吃喝喝，不過是書市裡多擺了一本新書；相對地，只有當您認知到一家店的美食意涵、創意精神、生命軌跡時，「春天」才不會只是兩個中文字，而是冬雪融盡、燕子返巢、綠葉抽芽的景象翩然已到眼前。

本書區分為玩文創、賞景觀、好食趣、享品味四個單元，「休息，是為了走更遠的路。」您入坐店中，休憩充電，面對手作飲食而感動，相信心靈的亮點將被點燃，有著繁花與鳥語的春天，啟程了。

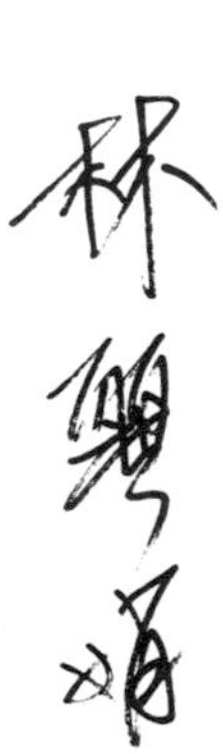

目錄

CH1 玩文創 P.08

CH2 賞景觀 P.70

CH3 好食趣 P.108

CH4 享品味 P.160

CH1 玩文創

宮原 眼科

范特喜

亞洲 現代美術館

上下游 市集

茶米店

紅點文旅

四信 冰淇淋

魚麗 人文書店

好好 good days

一本書店

百二歲

台中刑務所演武場

默契咖啡

活力文化咖啡

十二月藝食廊

到宮原眼科買伴手禮，眼睛不看診但可以欣賞文創風。

宮原眼科

營造華麗圖書館風的輝煌風景

「宮原眼科」不看診，賣的是土鳳梨酥等糕點伴手禮，散發的是華麗圖書館風，光是在燈光美、氣氛佳、挑高的一樓放眼觀「光」，就能同意這是台中最具代表的文創商業作品，不可不看！

振興中區計畫　成功個案

台中火車站前車水馬龍，但中區是台中最早發展的行政區，地小人稠路狹隘，難以擴張，地價屢創天價，停車卻困難重重，在「井」字形馬路劃為單行道後，近二十年來，依然束手無策，挽不回人氣，店舖生意沒落，黃金商圈大幅往台中港挪移。為了響應胡志強市長任內喊出的「振興中區」，日出集團入駐宮原眼科開店，一炮打響了成功的個案。

日出集團的起源為創辦人賴淑芬，二〇〇二年在美術館綠園道五權西三街四十三號開設的「日出．大地的乳酪蛋糕」店，二〇一二年十月更名工商登記為「日日出股份有限公司」，一路走來，也增加了尤杰等等股東夥伴。

賴淑芬、尤杰的文創展演出色，有跡可循，懷舊時光回溯到二〇〇〇年，賴淑芬原在華美街開了家押花作品店，但當時社會普遍觀念只把押花當工藝而非藝術，無法相對發展出成熟的市場機制，她乃改租附近角間，經營下午茶、輕食，名曰「綠茶房」，然而營業項目繁多，盈餘不高。

就在那時，賴淑芬獲知有個進駐中友百貨臨時櫃的機會，她把店裡的綠茶山藥乳酪蛋糕帶進中友，出乎意料地受歡迎，消費者對她所訴求環保包裝、天然口味、沒有果膠、派皮的乳酪蛋糕感到耳目一新，紛紛詢問有沒有開乳酪蛋糕專賣店。

不怕別人模仿　信心十足

賴淑芬體會到這是一條可以走得通的路，開始主動拜訪農場、餐廳，推出「量身訂做」專案，進行蛋糕的整體形象包裝設計，生意極好，每到週末必造成新社山路塞車的「薰衣草森林」，正是幫助她站起來的首批下單客，一年不到，賴淑芬就關掉綠茶房，投入六十萬元創業金，於二〇〇二年四月在台北客最愛的美術館綠園道租店，命名「日出．大地的乳酪」，以小庭園迎客，同時充分發揮押花專長布置店面，專賣店、代工齊頭並進，由於六款口味乳酪蛋糕搭配紫米茶可延伸出禮盒商品，能試吃、有特色，迅速打開銷路。

2 | 1
3

1. 把眼科改變為圖書館風格，成為中區復興的標竿店。
2. 古色古香的裝潢結合文化氣息包裝，勝出。
3. 善於利用迴廊，觀光客驚艷。

五十五歲、魔羯座的賴淑芬曾說：「我不擔心別人模仿，別人不見得學得來。」她很注重文案表達，例如DM上的短詩《我們情願麻煩》這麼寫：「配方是健康的，油膩不用；包裝是環保的，堆砌不用；堅持是麻煩的，但堅持過後，擔心，就不用了。」照這個思維模式演進到了第四家店宮原眼科，冰淇淋杯子上寫著「發胖不用」，還曾遭檢舉涉嫌廣告不實，蔚為趣談。

回顧「日出」的成功契機，賴淑芬於宮原眼科之前，在台中港路旁所開的乳酪分店，以牛軋糖、花生糖為主力，拿精裝CD盒、書盒作包裝，搭配網購宅配交易，賣關子也賣驚喜、賣創意，是文創能量大發利市的佳作，尤杰是賴淑芬長期合作的事業夥伴，實際負責規畫設計，發揮創意威力，他愛好以文字營造「趣味」，能被文字打動的大多為知識份子，也就是意見領袖，他曾說：「由意見領袖替你做口碑，宣傳效果遠比自己在街口嘶吼吶喊還好。」

「一幅世界名畫也需要結合畫作的歷史背景甚至是表面的龜裂痕跡，透過這些細節，才能塑造價值。」因而，一面斑駁的牆或一張藏書卡、蓋上特別印記的茶票，都可以是傳達創業想法、美好感受的媒介。另類包裝媒材，在日出宮原、四信店裡觸目皆是。

行銷高人一等　引爆話題

尤杰曾在與台中市文化局官員對談時提到：「老房子是城市的記憶，例如東京車站、紐約的四十二街，我第一眼看到日據時代宮原武熊醫生的診所時，還以為是個漂亮的鐵路倉庫，可惜年久失修，所以買下請古蹟修復專家陳公毅和建築師蘇丞斌、楊書河著手修復設計。」其中，蘇、楊是大學同學，蘇丞斌二十多年前的大學畢業製作題目正是宮原眼科的重建，他小時候就住在附近的建國市場一帶，設計起來充滿濃厚的感情。

現在除了糕餅，也賣冰淇淋。

尤杰說：「當滿街都是招牌時，沒有招牌反而突出。」二○一二年宮原眼科在話題、績效上斬獲亮麗成果，特色就是扣緊「哈利波特」式書本跟閱讀的主題。透過無遠弗屆的網路世界，尤其是ＦＢ和部落格，日出獨具美感的老宅新店引爆超夯話題，網友網上走告，廣告費全部省起來，書香氣息的商品設計、老宅主題的文創行銷，在在都讓圖片會說話。若論營造話題傳播造勢，帶動商機，日出的操作手法確實高人一等。

1. 像是走進哈利波特的魔法學院圖書館，光影動人。
2. 有造型的包裝盒，送人也加值。
3. 具文化感的紙材是主要的包裝媒材。
4. 稍加巧思的紙盒圖案和綁結，令人把玩再三。

INFO

- 宮原眼科

地址：台中市中區中山路 20 號
電話：（04）2227-1927
營業時間：每日 10：00 ～ 22：00

紅點文旅
全台唯一的溜滑梯飯店

你會為了讓孩子溜滑梯而去住飯店嗎？事實上證明很多人會，這家老宅翻新、注入文創新意的飯店叫做「紅點文旅」；如果沒辦法成為住客享受溜滑梯，那麼最佳的安慰方式，就是來吃一份早午餐。

溜滑梯　一切目光的焦點

這裡不是遊樂園，如果讓人因為看到它的ＤＭ、官網而會錯意，反而歪打正著，更想了解清楚，那就對了。好廣告不都是因為先引起注意、留下深刻印象才成功的嗎！紅點文旅於是就有了另一個稱呼「溜滑梯飯店」，塑造了一種好奇的慾望、一種能帶回話題的旅程，讓客人為此來投宿、來吃早午餐，當然，溜滑梯是一定要的啦！

紅點文旅溜滑梯與眾不同，早午餐也很有個性：它不是每天都有，僅限週六、日，而且差不多是午餐時段了，但紅點還是堅持稱它為與台中悠閒脾性搭調的「早午餐」。

一進旅館大廳，看到大溜滑梯會發出驚喜尖叫。

住宿客可免費租用腳踏車遊市區。

造型詭異的公仔也表現出旅館主人的獨特品味。

藝術亮點　帶動文創能量

這且按下不表，先來看看紅點文旅是怎麼進駐台中市舊城，加入文創大軍陣營，一起來「挽救中區」的。

二〇一三年九月營運後，紅點文旅經台中市政府列為「藝術亮點」而揭幕，這個地點原本是一九七九年成立的銀河大飯店，在當時，這個地點可是黃金地段，緊鄰宵夜必至的中華路夜市，下一條路則是有「雕塑街」之稱的中山路，兼具財氣與雅氣，然而隨著都市中心往台中港路（現今台灣大道）、文心路口一帶移動，就如同中區許許多多家巴洛克建築風華的夜總會、咖啡廳、餐廳、舞廳，「銀河」也暗無亮光，吹起熄燈號。

近些年來台中市政府結合民力，拯救中區生命力回春，留英的台北建築師吳宗穎被吸引了，決定在銀河之上再拉長紅，進行改造，為自己擁有一間飯店夢想的圓夢，斥資億元買下銀河大飯店，再花上加倍的錢來裝潢改造，儘管這裡還照樣是窄窄的單行道，投宿的客人卻遠從港、日、韓來報到，通過半圓柱形的入口，有種走入往昔歌舞廳的時空錯亂的幻覺，房間數總共才五十五間，假日早早就預訂滿了。

突破既有印象　不鏽鋼滑梯迎賓

在一樓大廳，先映入眼簾的絕對不是櫃檯，而是兩層樓高的不鏽鋼溜滑梯，長達二十七公尺、旋轉三百六十度下來，據稱造價五百萬元，是公共藝術家張金峰以一百二十片不鏽鋼板氬焊銜接而成的，符合了紅點總經理吳宗穎把旅館公共空間當作大型公共藝術品空間的理念，吳宗穎說，國外很多地方都有象徵「歡樂」的溜滑梯，例如Google總部就有。開幕之初，英國《Daily Express》即譽為「全球最好玩的飯店」；知名旅遊評價網站Tripadvisor更把它列為二〇一五年度「旅行者之選」大獎，紅點文旅一炮而紅，躋身台灣「前二十五大熱門飯店」，好玩的創意，讓旅客在在難忘。

溜滑梯的開放時間是每天上午十一點至十二點、下午三點至六點開放，限住客使用，換取代幣、領了滑草板就可暢快地玩，手握滑草板上的拉環，坐在板上，享受從二樓不鏽鋼板入口「破窗而入」、穿越中庭、迴旋著滑下來的快感，安全又好玩，如果心裡還在尖叫，不妨坐到一旁的條紋花色、狗骨頭造型沙發椅上喘口氣。

大小空間　充滿設計細節與藝術巧思

在處處混搭成風的大廳，第二眼看到的往往是老式奢華的理髮沙發椅，還有一張本島設計師周育潤設計的「泡泡沙發」，仔細一瞧，由一個個輕巧的竹編小球構成，看了就能發出會心微笑，大廳地板鋪著特製的燒磚，牆面是用火頭磚堆砌成的，令人忍不住想撫摸歲月的容顏。一樓的美好藝廊，紅點歡迎本地藝術家申請舉辦展覽，租金免費，每檔展期兩個月以上，但也辦過比利時畫家的展覽，只要核審專家們認可。

房客可以享受到的，包括阿嬤花布的枕床、Nespresso咖啡機和兩顆咖啡球，牆上很貼心地懸掛著中區再生基地的旅遊路線圖，可以研究定調以後，免費租用腳踏車或走路前往，要是時間湊巧，也能散步到夜市的日新戲院趕場電影。

細心觀察才能發現，人字形拼貼的木地板以銅條收邊，也傳達著復古味，房間廁所使用花蓮特產的老式建材台灣蛇紋石，都勾起人們對於老台灣的情感；盥洗包附上了TXG清泉崗機場的行李條代碼，可以直接帶去通關，有些房客甚至加價一百五十元多購一套，充當露營盥洗用品或送人的伴手禮。

走入地下室的餐廳，對於飲食的整體享受評價，往往是來自於味蕾所體會的、心情所感受的以及眼睛所領略的，以環境裡的文創元素來說，對細節的用心，點滴都可看得到，例如餐廳側角使用貨櫃加鐵皮浪板，漆成明亮的紅色，秀

地下室餐廳以機器、貨櫃元素塑造出工業風。

滿足玩心，大人也為體驗溜滑梯而排隊。

的是饒富趣味的鐵皮屋文化，餐桌底下卡著一個舊式鐵製的升降梯基座，彰露工業風，吊燈、展示櫃、釘釦長椅也都進行著看似簡約、實則襯出老台中豪華之家的氣派，供人琢磨回味。

假日早午餐　同享美食、滑梯樂

注入巧妙文創意念的細節，也顯現在早午餐上頭，主食套餐三選一，會隨著季節或主廚發想而作變化，例如之前是鮪魚叔叔愛丹麥、雞蛋菇姑穿拖鞋、優格美莓疊金磚，小朋友可以唸得朗朗上口，還有剛換下來的早安里好豬肉堡、蛋是明太子、芭娜娜花式吐司，文法不一定正確，就在討新鮮感裡作文章，新換的一組則是雞腿烤了、絲瓜蝦了、芒果甜了，視覺效果很彩色，食材也很大眾化，合於時鮮要求，盛在木質方托盤、黑色石板上出菜，清清爽爽；「同場加映」Buffet，all you can eat的內容包含羅娃麵包以及沙拉、火腿、起士、粥、醬菜、水果、果汁、英國Twinings茶包、UCC咖啡、台農鮮乳、喜瑞兒，食物豐富，料很實在。

如果不是房客，卻想要吃到同樣的這份早午餐，同時要能免費溜滑梯，那就週六、週日睡飽飽，上午十一點半以前到紅點文旅大廳排隊，依照排隊者的先後順序及所需座位

色彩鮮艷的早午餐就是為要討好小朋友。

雞腿烤了，黑色石板上菜可突出鮮明的色澤。

數，櫃檯會發放餐廳五十五個座位的號碼牌，發完為止，用餐者均可「順便」在早午餐時段內免費溜滑梯，家有活潑小孩的父母最感窩心，終於可以好好用餐了。

從食物到裝潢，紅點文旅把陳舊不堪、早已遭到世人遺忘的「銀河大飯店」，全面更新，奮而再起，述說一則屬於二〇一三年以後的新故事，就如同餐廳裡的猩紅色鐵皮貨櫃，把舊的運走了，把新的歷史里程碑運來，刷新「民族路二百〇六號」這塊房屋號碼牌，它獲得新生，還會再存在一個新的五十年，又或者，五十年後安裝摩天輪、雲霄飛車，再延續下一個五十年，誰能說得準呢！

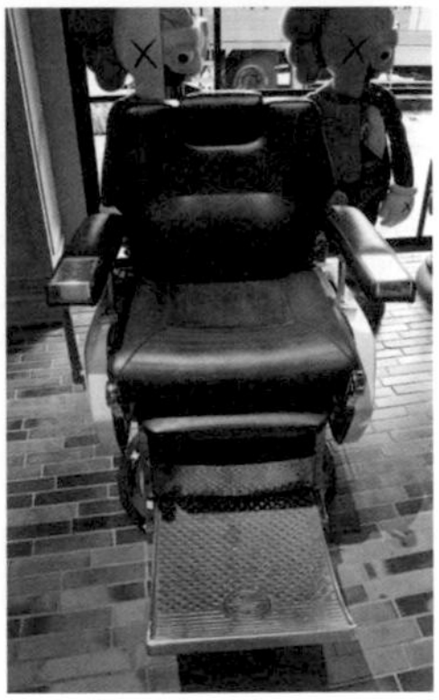

1

2

4 | 3

特色亮點

來到紅點文旅，當然不能錯過這座溜滑梯。選個假日，來份豐盛的早午餐，也讓你內心的小男孩或小女孩被喚醒吧！

1. 菜色清爽，趕緊吃完了好去溜滑梯。
2. 皮箱式座椅，倍添旅人的情境。
3. 舊式理髮椅也成了大廳的有趣傢俱之一。
4. 盥洗包附上 TXG 清泉崗機場的行李條代碼，可直接帶去通關。

INFO

- **紅點文旅**

地址：台中市中區民族路 206 號（有特約停車場）

電話：（04）2229-9333

營業時間：

週一至週日早午餐 07：00 ～ 10：00（限房客）

週六、週日早午餐 12：00 ～ 14：00（對外開放，11：30 開始依排隊先後發放 55 個座位的號碼牌，發完為止，用餐者均可在早午餐時段內免費溜滑梯）

新手書店一週只開三天，倒成了特色。

范特喜

老屋重新打造 文創熱血延燒

在台中市最紅火的草悟道旁，有條美村路一段一百一十七巷，雖然只有不到一百五十公尺的長度，而且還盡都是屋齡四十好幾的老房子，但它們迎來了老屋新血的二度春。

范特喜　讓老屋裝滿創意能量

范特喜微創文化總經理鍾俊彥，為了幫姊姊把賣不掉的老屋賣掉，請來當時室內設計公司的同事史奈普幫忙，把一間間老屋子重新規劃改裝，二〇一一年三月起創造出二十家以上的文創小店，還把這青春之火往北區等其他地段延燒，這稱為「范特喜現象」。

來到路口，看著插滿路標的木樁柱，可能還更糊塗了，不如就信步逛逛，看機緣吧！「新手書店」是范特喜旗下創業的九號店，店主人鄭宇庭，受限於遠在台東大學任教，所以開店營業的時間，只能每週三天。

書店很有他強烈的個人風格，窗外面貼著亮麗的彩繪畫作，充滿童趣的想像力，玻璃窗上用粉筆寫著夐虹新詩《白鳥是初》，店內木箱盒裡的書本不多，全都是他個人喜愛的新書、藏書，還有一些文物舊作如老舊皮箱、打字機、唱盤機，甚至已經停刊的昔日雜誌，相當文青味。

老公寓　化身藝術家搖籃

范特喜的另一家店，「自由人藝術公寓」，是從共同工作辦公室延伸出來的寓所型態，城市裡房價貴、租金不便宜，還沒有成名的藝術家為了省錢，就匯聚在同一處公寓裡生活、創作，當然，這裡也是發表作品的地方，希望能被藝術星探所賞識，從此走上坦途。

自由人藝術公寓就像是「台灣新生代藝術家培養皿」，來自不同背景、理念的人，希望共享體溫，希望在商業畫廊、官方美術館之外，激盪出新生代藝術家的展場舞台。

其他還有五號店「Elephant 花．草舖」，接受小花束、小盆栽的委託設計任務，也可幫顧客綠化陽台空間，彩色格窗的店外，掛滿十分招人注意的南瓜燈籠，夜裡常引人駐足觀賞，倒挺愜意；想當「螞蟻族」？「夏緻的荔枝」甜品應該可以滿足你，蜂蜜、馬卡龍、鳳梨酥、荔枝果醋、糯米荔枝乾，甜到心坎裡。

特色亮點

小小一條巷子，范特喜陸續打造了許多店舖，形成了一個具有獨特魅力的街區，創作能量滿載，最建議步行走逛。

1. 小型花店也接代客設計訂單。
2. 甜品店以色彩繽紛的馬卡龍聚攏目光。
3. 老店掛卡南瓜燈籠，點亮了舊街區。

INFO

- **新手書店**

地址：台中市西區向上北路 129 號

營業時間：週五至週日 14：00 ～ 21：00，週一至週四休

- **自由人藝術公寓**

地址：台中市北區五權路 594 號

電話：0987-444957

營業時間：週三至週日 13：00 ～ 21：00，週一、週二休

四信冰淇淋

過去的銀行，今日的潮店

炎炎夏日，青春一族最是抵擋不了吃冰的誘惑，先不管做得好不好吃，如果沒嘗試過在「廢墟」老屋裡吃冰，讓全身的「寒氣」上升，那麼還是可以到中區這個曾被遺忘過，如今卻很潮的四信冰店，一探究竟。

四信冰店從制服到冰品都很有設計感。

日出集團　舊樓修復又一創作

「你有沒有去過……？」類似這樣「朝聖」式的吃喝玩樂之行，已經成為時下茶餘飯後的談資話題，吃過才能下評論，走出店門口時，就會知道自己靠哪邊站，在乎的是美食或文創。

店舖的全名是日出集團台中市第四信用合作社門市店，大家習稱它為「日出集團」，簡稱它為「四信冰淇淋」，二〇一三年八月由日出集團購置四信舊樓後修復，以冰淇淋店的形式，開幕營業。

自從中港商圈崛起，台中火車站前中區商圈相對沒落，除了假日的搭車人潮，很難看到大排長龍的消費人群，然而，在中山路這棟看似危樓的台中市第四信用合作社入口，年

如果內無燈光，四信大樓只剩骨幹般的廢墟感只能讓人退避三舍。

輕人卻一個挨著一個等待入座，但他們不是來辦存提款，而是來吃冰的。

到金融合作社吃冰？沒錯，四信已經走入歷史，它先於一九九九年遭中興銀行合併，二〇〇〇年興銀再被聯邦銀行合併，原址大樓從此廢置，十三年後由日出集團買下來，保留外觀、名稱，但掛著四信招牌，賣的是冰淇淋。

吃冰　也大口吃進無懈可擊的設計

一開幕，一球冰淇淋售價就是九十元，豐仁冰一百五十元，大約是市售價的兩倍以上，但因為它是「宮原眼科」成功吸睛後的新作，年輕人面對聚焦新所在、時髦新話題，不甘落伍，好歹也要跟上潮流，所以還是受到吸引，願意來到這停車困難的窄路之間，排隊跟流行，花高價吃冰淇淋，重點並不在於涼快消暑、口味如何，這裡裡外外猛對著設計感別致的燈光、地板、櫃檯、金庫通道拍照，上傳FB，完成到此「打卡」的朝聖任務，才是Cool事一樁。

特色亮點

吃美食很重要，但是好好欣賞整間店的設計巧思，更重要。別忘了檢查相機記憶卡的容量，並且留意融化中的冰淇淋！

金庫現在是透明的，讓你看的是冰淇淋餅皮機器。

紫色金磚讓人「紫」醉金迷，選水果味的較清爽。

這股風潮是日出集團宮原眼科店華麗風的延續，兩家店距離僅四百多公尺，可以串連起來參觀，都是利用老宅本身的歷史文物說故事，注入「玩空間」的文創設計概念，讓人讚嘆於日出集團的巧思以及包裝術，所以，它賣的是別家所沒有的設計味，營造出熱門人氣。

「嗨！我不提款，我吃冰。」

新舊混搭　重現舊時代奢華感

與宮原眼科有所區隔，四信店走的是什麼風呢？很多網友的詮釋是「回收風」，以危樓外觀開場，金融沙龍新舊裝潢並陳，就外觀來看，水泥樑柱牆面上，鋼筋裸露，就像是蓋了一半、沒錢完成而遺棄的樓房，騎樓頂竟然是空的，這看來挺危險的樣子其實是刻意營造的；推開門，馬上換了景致，漆成藍色的天花板、水晶吊燈、雕花鑄鐵圍欄內的大理石小圓桌面和法式沙發椅座位區，都營造出帶點古早味的奢華感；冰淇淋冷凍櫃上頭的突出管線原本是醜陋的敗筆，卻被巧妙地塗漆化身為枝幹，再接上金色梅花作品，搖身一變為裝置藝術，反倒讓人眼睛一亮。

新舊融合，被保留了下來的有昔日四信的櫃檯、包含立形扇面的大寫字桌、竣工紀實碑文，牆面和樓梯間依然掛著舊日四信大堆頭合照，還鑲著一圈舊鈔放大圖，透明金庫裡擺放的當然不是厚重的保險箱，而由冰淇淋餅皮機器替代了。一樓除了冰品，也賣鳳梨酥、牛軋糖伴手禮，比較推薦的是有加入當季水果如土芒果、紅龍果、哈密瓜等水果的冰品，例如仙人掌鳳梨優格，果香味讓人遠離燠熱，「心都涼了」。

上到「紫」醉金迷色調的二樓，灰色斑駁的櫃檯牆面是水泥屋瓦拼成的，部分天花板鑲上鏡面，發揮反射的趣味感，也是空間幻覺玩法，老舊的金庫門推開走出去則連接到戶外座位區；商品是滷味、咖啡、杏仁茶等茶品及金元寶、金幣造型糕餅，廁所使用免治馬桶、古典壁鏡，讓人發出「貴賓級待遇」的嘆息。

玩裝置　回收物品展新意

在四信店的回收沙龍風主題下，水泥屋瓦、舊橫樑都從宮原眼科拆下後，廢物再利用，例如舊橫樑躺平了就當作吃冰桌，別具一格，沙發椅則是向台灣飯店收來後重新裱布成的，三樓中午十二點才開放，設計為巧克力沙龍，擺放了一台像是時光膠囊造型的烤香腸機台，也是鍋爐回收的，賣高粱酒香腸。

除了會融化的冰，其他糕餅等產品，在沙龍燈光打照、文創花紋紙盒的襯映之下，美味加分，圖案很復古，送給老人家或注重文人雅致品味的人，應該很討喜。

四信店比照辦理，不承辦金融業務，賣吃的，日出團隊用好玩的心態呈現門市，連服務生有小丑風味的制服也曾用過拼貼布的樣貌，所以兩腳還刻意穿上不同色的襪子，頗有創意。

1. 擺出新鮮水果，讓冰品更有說服力。
2. 櫃檯金流曾經過盡千帆，現在改由甜蜜人生登場。

INFO

• 四信冰淇淋
地址：台中市中區中山路 72 號
電話：（04）2227-1966
營業時間：每日 10：00 ～ 22：00

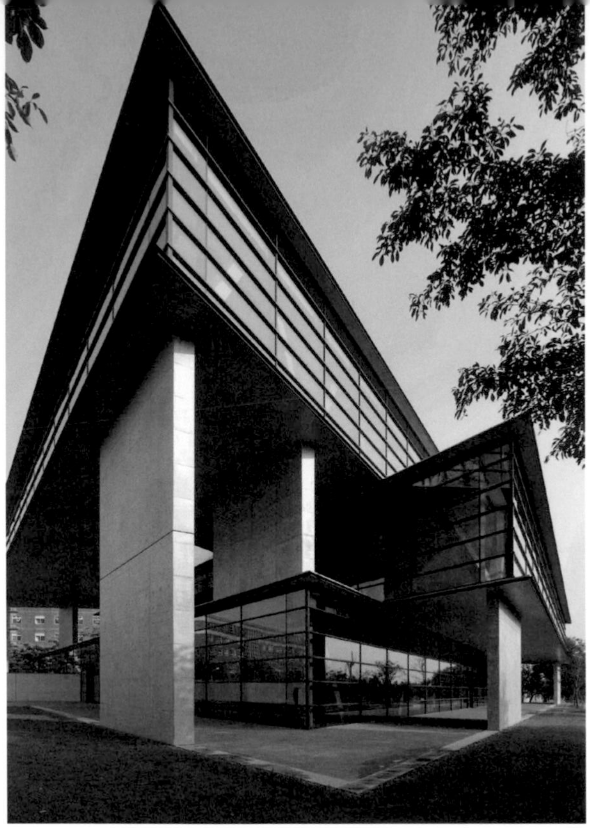

亞洲現代美術館

伊東豐雄建築作品賞，回憶無價！

不想老在台中市中心晃悠，那就給自己個美感加值的一天，到日本名建築師伊東豐雄設計的亞洲現代美術館，飽覽建築之美與典藏鉅作，值個三十億元吧！甚至無價。

賞玩大師作品　零距離

想近距離體驗伊東豐雄向來不對稱的設計美感，就來位於亞洲大學正對面的亞洲現代美術館，建築夠鮮明，草地夠寬闊，視野夠豁朗，顯得比七期惠來路旁大樓之間夾雜著的國家歌劇院，還要讓人心生嚮往，於二〇一三年十月開館，由於各是三角形的一樓、二樓、三樓組合成的正三角形大樓，所以往往被暱稱為三角美術館，清水混凝土素雅，帷幕牆清透，邀請光影朝夕在此作畫，散發日夜不同調性的魅力。

光是開館的鎮館之寶，可謂祭出重金，一鳴驚人，在這棟世界唯一的正三角造型藝術場域，羅丹「肉身慾望的革命」、亨利摩爾「不朽禮讚」雕塑展、竇加的「小舞者」、達利的「犀牛」和館外草地上的羅丹「沈思者」雕塑，可都是正版原作，價值約二十億元。

現代藝術展覽　每月更新

每個月的展覽主題可能隨著換檔而有所不同，但經常扣緊「現代作品」的意涵，例如安藤忠雄建築展，可以和他的作品攝像、藍圖面對面，探索他下筆繪圖時的創意，為自己的構圖思維加進能量；又如妮基．桑法勒雕塑作品「海豚上的娜娜」色彩繽紛鮮豔，充滿自由奔放的活力，讓人心情也遨翔起來。

除了在室內面積一千兩百四十四坪、戶外場域六千坪走上一圈，更別忽略樓層錯落堆疊成不規則的無數個三角形，細看天井空間、戶外平台，就能發現一一變身成了雕刻台、露天咖啡座等不同機能的區域。

亞蒂菲姊妹廚房　歇腿好去處

真想歇歇腿、喝咖啡，走到對面亞洲大學的「亞蒂菲姊妹廚房」，馬上能感受到三位女研究生一起依循希臘鄉村風格彩繪粉刷牆面的活力和溫暖，亞蒂菲的希臘文意思就是姊妹關係；使用在地霧峰香米、燕麥、小米雜糧等無農藥食材，哪怕是家常便飯、三明治夾餅及厚片吐司下午茶也都很新鮮可口，天然果汁、義式咖啡、鮮香米奶，讓這裡成為學生餐飲實習、師生輕鬆溝通的創意園地。

等一下！別這麼輕易離去，不妨就近探訪電影「阿罩霧風雲」實境的林家花園古蹟，撫今追昔，心靈更有感悟。

1. 三角形的一樓、二樓、三樓組合成正三角形美術館。
2. 館藏之一的竇加「小舞者」是正版原作。
3. 在「亞蒂菲」歇腿喝下午茶，可感受大學生的青春活力。

INFO

・亞洲現代美術館

地址：台中市霧峰區柳豐路 500 號

電話：（04）2332-3456 #6468

營業時間：週二至週日 09：30 ～ 17：00，如遇特展期間酌收門票 250 元

公休：週一及除夕、年初一休館

上下游市集

小農有機食材雜貨的溫馨平台

如果您喜歡買到吃到小農的手工健康農產品，那除了直接找小農或到中興大學農夫市集等地方，「上下游市集」也是個理想的「食材店」。

又如您發現台中有些帶著文創氣息的新生老屋餐廳，沒有廚師、沒有烘焙廚房，只是拿現成的麵包加材料就端上桌，還會標榜無加糖、油等等，這些食物或材料，多半是由上下游市集供貨的。沒想到，它本身還是不少早午餐店的「上游」店。

「上下游」是由新聞採訪發展衍生的小農食材店。

小農產品市集　獨立媒體的最佳後盾

「上下游市集」名稱來自於「News & Market」電子報刊，上下游新聞二〇一一年成立，總編輯、共同創辦人汪文豪曾是報章雜誌記者，集合一群有共同理想的媒體人深入跑新聞、挖掘食安議題，堅持獨立客觀的立場報導新聞，不接受廣告收入，帶領團隊以「揭開假米粉真相系列調查報導」，獲得第十二屆卓越新聞獎平面類調查報導獎。此外也還有多項作品分獲類似獎項的殊榮，若想支持他們繼續站在一線報導，維護消費者權益，方式一，是每年交給三百元年費，加入電子報刊讀者行列，按「讚」作交流，方式二，就是到門市買他們來自小農的產品。

位於五權西二街一百號的上下游市集，二樓是行政辦公室，一樓是店舖。二〇一四年元旦開張，不少農產品貨源來自於記者採訪和接觸時認同它健康、安心、優質，進一步主動開發為商品，提供給農民多一個通路、門市據點、宣傳平台。

親自來一趟　實際體驗商品的美好

要知道上下游市集裡賣些什麼，可以到它的FB、官網去了解，只不過不停地滑著滑鼠，一路落落長，看不完整，走進實體雜貨店面就一目了然了，有哪些產品？缺什麼貨？

價格和品質如何，逛個二十分鐘應該能夠買到些自己需要的和喜歡的東西。

店舖裡儘可能依循上下游市集所說的「友善土地的耕作」，價格上大致比照有機農產品，但是否每一項都是有機或無毒、手工、純淨自然環境下產生，又或每一件都是來自於農夫，那倒不一定，小部分是來自於企業公司，例如洗髮精、茶葉等等，因而最好先詳讀包裝上的說明，符合所需再採購。

1. 在這裡可以買到公平貿易的乾燥咖哩葉。
2. 手作的玫瑰花瓣醬、果醬，都是好物。
3. 一進門，每天的新鮮農產品就堆在這裡。

本土有機食品與公平貿易區　超人氣

屬於上下游本身招牌的產品有每天出爐的麵包、週週現磨的花生醬、本土有機醬油、有機黑豆醋、有機黑芝麻粉、本土有機紅薏仁、有機手熬黑糖、本土手工樹薯粉、自然熟成的龍眼蜜及荔枝蜜、野味段木香菇等等。

上下游市集人氣商品還有：「回家李」果乾加果醬禮盒、玻璃瓶裝的中寮鄉溪底遙農場桂圓薑湯等；標榜小農製品的則包含：楊宇帆金鑽鳳梨花果乾、阿榮自然農園自然農法柴燒土鳳梨乾、謝美麗自然芭樂純果乾、沈福來本土紅豆、曾啟尚本土紅豆、黃嘉銘本土紫錐花茶和新鮮當歸茶等、黃文欽有機西瓜芭樂果乾和有機茂谷果茶醬等。公平貿易區的有機紅藜麥、咖哩粉、辣椒粉，我個人也欣賞。

單純的麵包　不給身體任何負擔

值得注意的是，當天出爐的麵包幾乎是買不到的，因為都被沒有烘焙廚房和廚師的早午餐、下午茶店預訂光了，我去買過幾次，只有一次買到兩個，還非我能選定口味的麵包，可見上下游的麵包有多受歡迎。店方表示，台灣進口糧食佔了七成之高，其中雜糧作物如小麥、大豆、玉米等最大宗，但其實台灣不但可以栽培小麥，還更新鮮，擁有自己獨特的風味，上下游因而以台灣小麥為材料來製作麵包。

上下游的麵包很單純，不添加任何化學材料，不用油與糖，僅使用麵粉以及核桃等不同口味的單純原料，花時間等老麵發酵後再製作，為什麼不用油，是考慮到好油不耐高溫烘焙，與其使用油來拉長麵包的保鮮度，不如透過發酵時間的控制來取得相同效果。

不使用糖、奶油，更絕不亂加其他化學乳化劑，原因是加糖與奶油的主要目的在於提升麵包的鬆軟口感，也讓麵包在常溫下放久了仍然很好吃，然而，麵包屬於主食，就像吃飯一樣，愈單純，對身體愈沒有負擔，為了享受到到小麥本身的滋味，當然不放入糖與奶油最宜，滋味樸素，吃起來安心。

不只食材　社運文創商品也上架

上下游表現社運精神，店裡和其網路交易台上同時也販賣一些社運文創商品，例如：台灣好食紙膠帶、反核旗、我不霾反空污旗、非基改布旗、抵抗圈地文集、美濃客家民俗植物誌、黑潮鬼頭刀繪本及明信片、黑潮有機棉T恤、海豚的圈圈DVD紀錄片等等。

身為消費者，當然樂見一個能提供免於黃麴毒素恐懼的現磨花生醬雜貨舖，每次去，總會有「新貨報到」的驚喜，這種讓人感到安心與安慰的店，要是開在自家巷口可就太好了。

特色亮點

上下游市集的麵包，使用台灣種植的小麥為原料，不使用糖、奶油，更絕不加其他化學乳化劑，吃過一次才會明白，麵包真正的滋味。

1. 宣告自家烘焙麵包、週週現磨花生醬等理念。
2. 不放糖、油的麵包，每天都已先被餐飲店預訂了。
3. 自然農法花生油是人氣商品。
4. 有作分類的展售櫃，方便找貨。

INFO

- **上下游市集**

地址：台中市西區五權西2街100號

電話：（04）2378-3835

營業時間：週一至週六 10：00～18：00，週日公休

茶，喝茶，喝好茶。

茶米店
工夫茶藝年輕化，輕鬆戀上好茶

想喝頂級的阿里山高山茶、已快失傳的正宗紅水烏龍茶，或是希望成為座上賓，工夫茶現泡現飲、宇治綠茶現沖現刷，全都沒問題，店主人可以泡給你喝，因為她就是茶藝師。

功夫茶　值得保留的精緻文化

俗話說：「文章、風水、茶，識茶者無幾人。」中華茶藝雖優越卓絕，卻很難推廣而落實在時下年輕人生活中，尤其是講究茶湯色香味俱全的「工夫茶」，因為俗稱「老人茶」，也往往讓不想細究中國傳承文化底韻的年輕人一擺手：「沒工夫（時間），算了！」拒於千里。

說起來，當然是遺憾至極，試想唐朝之時，日本僧人僅僅因為從中國把茶樹苗帶回日本栽種，發展出栽種綠茶製作抹茶的茶道，就努力把綠茶發展至精緻化，發揚光大，台灣獨有烏龍茶、凍頂烏龍茶這麼氣韻香醇的茶品和技術，卻很難把茶藝、工夫茶普遍推展開來，讓下一代承接住茶藝文化，豈不是黯然神傷！

年輕人愛喝咖啡，從便利商店買罐裝的飲料喝，頂多只是喝喝類似「春水堂」的泡沫紅綠茶、珍珠奶茶或者餐飲場所裡的紅茶等茶包，對於中華茶藝文化、技法都不甚了了，眼看「工夫茶」逐漸變成「昔日骨董」，那麼，除了自己多多喝茶，是否有什麼推廣良方？

第二代　從酒國走回茶的世界

「茶米店」的主人藍大誠、賴郁文正是因為這麼想，才決定付諸於開店的行動。當然啦！這店面不能像傳統的、不透亮的茶藝館，要推開厚重的玻璃才能進去，裡面似乎是總有幾位老顧客在泡茶聊天，自己的加入會顯得突兀，而且可能會被譏笑：「你懂嗎？」正是因為不懂，才想體驗、學習，進入茶的天地，但老式的茶藝館暮氣沈沈，講話高來高去，自己則不是有如墜入五里霧中的壓力，就是有可能要花大錢買茶的恐懼，趁早落荒而逃。

這些心情，藍大誠都了解，儘管父親藍芳仁任職南投縣民間鄉農會總幹事，三十五年以上的職涯都在推廣民間鄉茶、台灣烏龍茶，他和哥哥藍聖傑卻展現「叛逆」的性格，哥哥藍聖傑是知名的插畫家，以「Blue流」、「不入流」筆名在《壹週刊》發表作品，藍大誠自己步入社會，則是賣起紅酒來了。

比較紅酒、咖啡、茶，讓藍大誠開始認真思索自己的根柢，投入茶的懷抱，他思忖著，茶是比起咖啡、紅酒更為歷史悠久而且更具文化深度的飲品，一百分的完美產品，卻缺乏一百分的行銷功力，以致於時下年輕人漸漸離茶藝而遠去，即使看得到茶葉、清洌爽口的冷泡茶，也難敵人工化學色素、香料的冷藏罐裝茶飲，再過二十年以後又該怎麼辦？於是，他回家向父親從頭學焙茶，決定以一己的力量投入傳統化茶藝、現代化行銷的行列。

站在哥哥藍聖傑的插圖作品前泡茶，像在幫藍大誠加油。

洋溢木刻畫風的手繪圖案包裝紙，比較年輕化。

茶囍宴　開啟新世代的茶創意

二〇一二年三月，藍大誠舉行了一場別開生面的茶囍宴，新娘子是他在參加茶會中認識的賴郁文，本身就是泡茶師，而賴郁文的媽媽是資深茶藝老師廖紹惠，這場「茶二代」聯婚古色古香，也讓新人決定開店「茶米店」，茶葉如果經揉捻後揉成球形，就如同米一樣一顆顆的，台灣話稱茶葉為茶米，而泡出來的茶湯就是茶米茶（台語發音），店名既復古又親切，再請藍大誠哥哥展現他如同木刻畫風般的手繪風格，為店裡畫出六張長版型掛畫，又為四兩茶葉的包裝紙作畫，形成獨特的視覺映像。

招牌不醒目，但透過玻璃窗門就可以看到裡面的榻榻米茶席、有座椅的桌子以及吧檯式的高椅子，顧客可依愛好任選座椅種類，而最受歡迎的莫過於時尚風味強的吧檯椅，因為只要點選一壺茶葉，就能享受「老闆泡給你喝」的待遇，這和傳統茶藝館有什麼不同呢？當然不同，外形很青春的藍大誠夫妻很親和，並不主動推銷買哪種茶好，倒是會提供不同茶葉的體驗飲用，而且對你所提問的茶知識，有問必答，解惑、傳「茶」道的過程，如同在和朋友聊天。

紅水烏龍、宇治抹茶 世界名茶就在你身邊

例如在茶米店裡可以喝得到向鹿谷「紅水烏龍」守護者、年逾七十歲製茶老師傅陳助致敬的紅水烏龍，這就很稀奇。傳統凍頂烏龍是享譽國際的世界名茶，台語稱「紅水烏龍」意即較熟發酵的、茶湯紅而滋味香的。

製作紅水烏龍的要求很高，必須採摘二葉全開、心芽半開的芽葉製作，重要的是它的發酵度，春茶發酵度的要求最好是在三十度上下，夏秋季則不低於三十五度，至於冬季則在二十五度上下，發酵的手段以完整的日光萎凋為基礎，配合輕柔的攪拌和耐心的靜置，最後殺菁的溫度不宜過高，時間不可太短，務必要炒熟，使枝葉面呈現光滑有彈性的粉綠色為佳；焙火是非常重要的環節，冬茶焙火後，湯色轉為介於金黃色、橙色之間，春茶則由金黃轉紅如深橙色，滋味甘香醇厚而能回甘，濃郁的花果香令人陶醉。

特色亮點

新一代手上的創新，讓深遠悠久的茶藝文化，更有看頭，就算不太懂喝茶，茶米店內的各種巧思，從包裝到空間，也兼融了代代相傳的美學和創新。

上品紅水烏龍的講究，從採摘茶葉開始。

賴郁文表示，泡茶不難，多練習就能泡出一壺好茶，不妨這麼開始：

一、沖沸水入茶壺和茶海、茶杯，消毒、溫熱後倒掉。

二、以茶則把茶葉放入茶壺。

三、沸水倒入茶壺，浸泡約三至五分鐘後，倒出茶湯入茶海。

四、再由茶海倒茶湯到各杯內。

至於抹茶，賴郁文也使用品質優越的宇治抹茶，可當場示範讓顧客品味，舀茶粉到架在茶碗上的篩網裡，用茶則攪勻茶粉，沖入熱水，用茶筅（抹茶刷）快速攪打，就是現刷的抹茶了，鮮香翠綠很清爽。

創意包裝、冰涼茶飲　吸引年輕族群

藍大誠表示，茶葉來自和民間鄉赤水鎮的優等茶農契作，因而能採少量多樣化的焙茶成品展示在店裡和網站上，包括了杉林溪、阿里山、梨山、大禹嶺的高山茶，還有蜜香烏龍、炭焙貴妃美人、金萱紅茶、陳年老茶、高山烏龍加上玫瑰、薰衣草的乾燥茶包等，選擇非常多元化，紙包裝既環保，又富文創意境。

茶米店不定期舉辦茶藝、製茶、手染布、香道課程，不少父母帶著小朋友來上課，甚至還有遠從香港組團來的團體班，上完課，從此邀請茶藝茶香進入生活中。

為求推廣大眾化，藍大誠知道很多年輕人都喜歡喝涼的、買一瓶茶飲帶著喝，他特別在中山路知名文創餅店「宮原眼科」旁邊蓋了一間木屋茶水舖，品牌叫做「茶米涼品」，全年有售，採用送SGS安全驗證通過的良品台灣茶，冷藏萃取超過十六小時再裝瓶，平價供應，除了清香烏龍、蜜香烏龍、香檸烏龍、玫瑰烏龍、金萱紅茶，還取台灣蜂農出產的蜂蜜泡檸檬水，並有日本宇治茶、煎茶，再加十元就能享有輕食二選一：手工果醬吐司或抹茶吐司，吐司來自有名的羅娃麵包，也讓人覺得很超值、很享受。

3 4 | 1 2

1. 來杯現刷的抹茶，鮮翠怡人。
2. 小朋友學習輕柔地攪拌新鮮茶葉，知道茶湯是怎麼來的。
3. 正統京都宇治茶點，也品嘗得到。
4. 手工圖紙、手工茶品禮盒，文創味濃。

INFO

- 茶米店

地址：台中市北區太原北路 208 號

電話：（04）2298-5006

營業時間：週二至週六 12：00 ～ 18：00，週日至週一店休，歡迎預約

- 茶米涼品

地址：台中市中區中山路 14 號

電話：（04）2225-8505

營業時間：每日 10：00 ～ 20：00．提供外送服務

左半邊是圖書文具空間，右邊是餐飲空間。

魚麗人文書店

小巷內，蘊藏著女性的溫柔堅定

如果不是專程從民權路鑽進小巷子造訪，即使在台中住上一輩子的人，也可能不會曉得這窄巷裡有家「魚麗人文書店」。

對女性的無限關懷　默默傳遞傳承

從午餐起算的時光，一屋子總是婆婆媽媽，幾乎很難看得到男性顧客，事實上，這裡正是一個庇護女性的所在，自從二〇〇六年創業，女主人蘇紋雯將書店和食堂複合在整個獨棟店面中，空氣中散發著一股溫暖的力量，對於遭遇家暴、性侵、失婚……等實際困境的女性，提供協助、陪伴、諮詢，甚至偶而還提供工作和暫時停留處所，表面上看來，魚麗像是社區芳鄰型的書店、小館，但關懷不幸女性的自強力量與獨立精神，才是它存在的核心價值。

店裡陳列的書，更是蘊含自覺自助的女性議題，畢竟，該如何克服身心的傷痛，展開向上的新生，閱讀一本能夠開拓胸懷或給予實際建議的書，是激勵人心的好起步，落坐魚麗，一屋子女性暢所欲言，男性倒也不必覺得不自在，如果您也有一份社會關懷使命感，帶著孩子在店裡吃飯、喝飲料、買書，甚至買綁髮圈、小工藝品、筆記本，也都能樂在其中。

書香佐飯菜香　在地食材入菜媲美星級飯店

店家宣示「我們在意食材，找尋好食材。」，所以廚房外的黑板上寫著當天的套餐菜色組合，常做變化，如果點的是一人份的套餐，那就既來之，則安之，等著靜心進食吧！

我來訪的這一天，飄著素樸香氣的白米飯口感適中，它是來自竹東的建國百年優選冠軍米，正因為它不會過Q、不會過香、不會過甜、不會過於濕潤，傳達出來的恰恰好就是大地採收後的天然稻香，一口飯，引領時光回到民國五〇、六〇年代毫不矯飾華麗的純真，挾著醃菜、肉末吃，就已經是五星級的飯食版本了。

來自南投的醬筍炒龍鬚菜，泛著酸中帶甜的台灣鄉村古早味；芝麻香醋杏鮑菇，完美調和了芝麻濃郁的香氣和杏鮑菇切片的爽嫩，還想再嚐幾口的口慾，像是永遠也不會感覺到吃飽了般。於是，留著不全然滿足的八分飽回憶而離去吧！下次再來，再來支持這個為女性伸出援手的小屋。

飲料則有羅氏秋水茶、冬瓜茶、蜜李愛玉、紫蘇愛玉，這樣的下午茶飲，也像是至少二十年前的標記，現代人想回味的，不正是這些嗎？

1. 芝麻香醋杏鮑菇，兼具爽脆和香氣。
2. 兒童圖書、雜誌不少，消磨時間也可很有學問。
3. 書店裡有育嬰室，聽說過嗎？

3 | 2 | 1

INFO

- 魚麗人文書店

地址：台中市西區民權路 177 巷 1 號
電話：（04）2225-9811
營業時間：11：50 ～ 21：00，週三公休（可無線上網）
供餐時段：午餐：12：00 ～ 14：00；午茶：14：00 ～ 17：00；晚餐：18：00 ～ 20：00

百二歲

茶農第五代子弟 創意茶食添新意

儘管對於年輕人來說，「百二歲」這個店名未免老氣，但「百二歲」除了寄語「身體健康，呷到百二歲」的吉祥意，產品其實很「潮」，除了茶葉，還有茶冰淇淋，而這個茶葉竟然是可以直接嚼著吃的，做到了「純喫茶」的境界。

茶香傳承　代代相傳的茶世家

店主人李鎮嶺是茶農世家的第五代，他解釋著家裡代代相傳的製茶歷史，祖上原籍為福建漳州府彰浦縣下城里，清朝初年，先祖李公啟於一七〇七年（康熙四十七年）渡海來台，定居於庄內（南投名間受天宮後），直至今日。祖先的製茶第一代李獅。於一八六二年開始育苗、種茶、生產，還榮獲日據時代南投郡農產一等賞；第二代李和寄、第三代李王都從事批發零售，曾榮獲茶葉比賽的多個獎項；第四代李文義開辦龍慶茶業、茶米香農場，是開喜烏龍茶、家鄉烏龍茶的原料商，身為南投第一家茶葉光觀民宿農場，民宿結合毗鄰的茶園，知道自己喝的茶從哪裡來，格外能安心。

櫃上的茶罐、茶包裝，新舊並陳。

李鎮嶺希望把很傳統的茶葉帶到現代新世紀。

茶冰淇淋的包裝很英國風。

新世代　創意茶食引領潮流

目前的製茶第五代李鎮嶺，自二〇〇九年就創立「百二歲」品牌，開發多元的茶飲、茶食，他希望翻轉茶的刻板印象，讓茶不只是茶，而是可以吃的「下午茶」，包括茶飲、茶冰淇淋等等。

李鎮嶺的家族仍在南投縣民間鄉松柏嶺種植茶園，也與其他茶區進行契作生產和收購，他指出，製茶茗茶茶葉，程序包括了：採茶、日光萎凋、室內靜置萎凋及攪拌、炒菁、揉捻及團捻（包布如球形加以揉捻）、乾燥處理、烘焙等程序。每一個步驟都要嫻熟，態度要認真用心，這才能誕生好茶，他因而期許自己掀起創意茶食的風潮。

從小在茶欉下長大，李鎮嶺言談舉止之間都充滿了對茶的一份濃厚情感，正因為深刻體會到茶農們辛勤耕耘的過程，因而在手捧一杯滋味圓潤的茶湯時，會追想那繁複而講究的道道製作工序，輕輕捏著台灣人所謂的「茶米茶」，果然是完美的、一粒粒的茶米呀！粒粒皆辛苦，得之不易，傳承，需要很多個百二歲，把茶杯握在手中，一杯溫熱的茶，傳遞的是無聲的價值，它不說話，溫暖卻又撼動人心的茶香替它說話了：「還是台灣的烏龍茶好，獨步全球，一輩子都喝不膩。」

自行研發　茶飲、茶吧噗收服大人小孩

堅守茶文化理念，凍頂烏龍拿鐵、日月潭紅茶拿鐵的材料是低溫研磨茶粉加紐西蘭奶粉、蔗糖混合而成，固然可以使用沖泡為熱飲，或是用溫冰水沖勻後冷藏當冰飲來喝，但也可以像嚼零食一樣，一匙一匙餵進嘴，李鎮嶺笑著說，小朋友最喜歡這麼吃，果真是在「喫」茶，由於漢字「喫」是個形聲字，吃的時候發出聲音，用它來形容「喫茶」，可是要比簡化字、通用字的「吃茶」還貼切呢！

至於冰涼透心的冰淇淋，李鎮嶺也申請了非常台、非常可愛的品牌名稱「茶吧噗」，引人聯想到早些年代走街串巷按著「吧噗、吧噗」響聲的冰淇淋小販，格外回味貧窮兒時把冰淇淋奉為天堂美味的世代情懷。

李鎮嶺強調，早早就想擁有享受茶味冰淇淋的樂趣，尋遍坊間市面，沒有人可以達到他的要求，最後他只能自己研發，按理想來調整配方、比例，和名牌冰淇淋不同的是拒絕過甜、肥胖、反式脂肪，使用當季採收的台灣茶來製作產品，通過SGS檢驗合格，無農藥殘留，不添加防腐劑、人工香料及色素，為顧及健康，茶吧噗冰淇淋系列屬於減糖配方，啟用獨特的製程技術，以求在爽口的清涼裡能嘗到原味的茶香，舌尖猶存甘醇滑順的滋味，如此「厚工」，正是期許「百二歲」以台灣茶做出台灣味，吃了不「凝胃」、好消

特色亮點

延續五代的茶世家，今日開發出了創新茶食，嚴選用料，謹守程序，不論是茶飲或是茶冰淇淋，每一口都是百年的淬鍊呢！對了，茶飲、冰淇淋可內用及外帶，全日供應。

2 | 1

1. 鎮店茶葉罐刻劃著歷史的痕跡。
2. 茶品的包裝也走精品風情。

不同的茶葉加奶粉，每包都是可喫可喝的。

化，這麼一來，大人也就不會反對給小孩買冰淇淋吃了。

口味多樣　台北、台中皆能嘗

「百二歲」現有茗茶產品包含了紅茶、烏龍茶、四季春、金萱，「茶吧噗」冰淇淋依茶種區分有凍頂烏龍、日月潭紅茶、東方美人、取花壇鄉茉莉花為原料的茉莉綠茶、以台灣綠茶製作的宇治抹茶等等冰淇淋，此外，還製作出「鳳梨紅茶」以及凍頂檸檬茶、日月潭紅茶凍茶口味的雪酪，雪酪類似雪葩加奶酪的口感，相當討喜，免稅購物名店昇恆昌的內湖旗艦店也有售。

「百二歲」位於距離國立自然科學博物館還有三個紅綠燈的博館路上，店面的招牌、裝潢一點也不花俏、醒目，招牌甚至顯得小巧雅致卻低調，但卻不失為有特色的下午茶去處。

INFO

・百二歲
地址：台中市西區博館路 210 號
電話：（04）2314-8259
營業時間：
每日 09：30 ～ 19：00

店內擺設呈現一派輕鬆調性與小工藝品風。

十二月藝食廊

邊吃邊塗鴉，把畫作變T恤

位於逢甲公園對面，隱身於社區二樓的「十二月藝食廊」，讓人不容易注意到它的存在，如果要吃早午餐，最好要預約，因為主人是很有個性的鍾美苗，有時她忙於自己的繪畫創作而晚睡晚起。

畫家主人　打造個性早午餐廳

這麼有個性的鍾美苗，需要顧客能夠體諒她兼顧藝術和商業的平衡感，身為香港僑生，一九九一年，十八歲的她來到台灣，就讀東海大學工業設計系，雖曾回到香港，卻對於香港二〇〇八年回歸中國大陸感到憂心，因此決定在台生根，應同窗之邀合夥經營咖啡店，後來又改開PUB，卻終於明白自己很厭倦那日夜顛倒的生活。

喜愛繪畫的她，決定為七年來不曾拿起畫筆的枯竭心靈重新注入活水泉源，刻意租下遠離餐飲黃金商圈的角落，二〇一一年九月起，經營早午餐店，兼可管理網站，接受訂製西洋畫，她有「三不政策」：不可改圖、不可殺價、不可催促取件，客戶以朋友介紹、透過網路找上門的為多，有趣的是，大部分訂畫者竟然是做為求婚之用的，畫品是手作的，可以表現他們的誠心。

個性浪慢而喜愛享受自個兒的閒適步調，鍾美苗強調：「人一生只要把一件事做到盡頭就好。」那就是繪畫，她很開心終於擁有了自己的時間和空間，剛開店的一、兩個月，社區家庭踴躍地擠進來消費，她倒是怕到了，因而儘量要求先預約。

邊吃飯邊塗鴉　你也是藝術家

店裡的早午餐，堅持不添加味精，如果感覺滋味平淡，可能正是這個緣故，主食選項有水果薄餅披薩、培根蛋派、義大利麵、厚切牛排、義式香草里肌雞肉排等，附沙拉、軟雞蛋、非罐頭的茄汁燉豆子、手工麵包和飲料；飲料可選現榨奇異果汁、葡萄汁、熱茶或是義式咖啡。

在櫥櫃裡，可以看到鍾美苗出售的手工藝品，她的創作從卡片到檯燈、招牌、牆上懸掛的西畫，為了鼓勵客人展現創造力，桌上附帶提供畫紙和百色蠟筆給大家盡情塗鴉，真心想把圖案畫好的話，只要不忙，鍾美苗也願意分享一些作畫技巧和訣竅，顧客的畫作可結合T恤圖案，三天內完成轉印，就能穿上身了；寓樂趣於工作，就是這家十二月藝食廊的「店精神」。

3 | 2 | 1

1. 鍾美苗的畫作就掛在店內的一面牆上。
2. 塗鴉完畢，店家可以幫客人轉印成為T恤穿上身。
3. 連培根蛋派也要烤成愛心形。

INFO

・十二月藝食廊

地址：台中市西屯區逢甲路223-3號2樓

電話：0988-152-030

營業時間：週二至週日10:00～15:00，週一公休，週二至週四採預約制。

門上這片方形舊木板招牌，安靜而低調。

一本書店

賞心尋寶，找回閱讀的感動

沿著這條被稱作「消失的老綠川」河溝，有家門面不大、不起眼的「一本書店」，只有專程來找尋的，或是走到它正門口駐足停頓，才能看見「一本書店」毫不刻意的招牌。

一本書　等待有緣的愛書人

書店裡，書當然不只有一本，大部分是新書，少部分是二手書甚至是絕版書，新書就依定價賣，二手書可能有個優惠價，卻全都是主人自己挑選而包羅陳列的，主人相信，人與書之間有種緣份，什麼人看什麼書，對於不愛看書的人來說，眼前有書亦無書，但對於對了胃口的愛書人，那真是撿到寶了，所以與其說這是家書店，不如說是個可以抱著尋寶心情來駐留的基地，畢竟，沒有什麼投資是比買書、充實知識來得划算了。

閱讀，可以是坐在老沙發椅上望向老樹綠川。

住在附近的店主夫妻，原本就喜愛閱讀，由於決定把興趣跟工作結合在一起，於是開了「一本書店」，不求賺什麼錢，不過就是實現「生活裡有書香」的夢想，加上店裡有簡單的餐飲、甜點，就豐足了。店裡由大本字典割成碗狀的書，旁邊擺上古樸筷子，意象昭然若揭，門前老樹成蔭，臨著淺淺的綠川，順著綠川，從中區踱步到後火車站的南區來，泛黃的時光回春，老綠川也駐蹕在此了。

所謂的老綠川，是台中最早發展的溪川，就從台中火車站以及站前的綠川開始帶動交通建設、經濟繁榮、商店百貨興盛、人來人往，所以這一帶稱為中區，是當初核心的行政區域，台中的黃金店面都在中正路一帶，後來由於市政府把中區規劃為單行道路面，不好停車消費，影響商家生意，擁擠的中區逐漸沒落而被台中港路沿線（現今稱為台灣大道）取代。中區的太陽餅街、第一市場、第二市場如今雖在，卻成了夕陽餘暉，幸而市政府和文創觀光業者共同投入於振興中區，挽留住它日沉大地的腳步。

大隱於市　每月活動依舊熱絡

「一本書店」正是其中一個大隱隱於市的所在，店主人參與綠川市集等舊城活動，依照他們認同的理念，每月會舉辦至少一場活動，例如「一首詩的朗讀」、吳明益《騎著單車到你家鄉的書店》新書發表會等，吸引同好聚集，而附近的居民也是潛在的消費者，小朋友更可以來到店裡買書讀書，陶冶身心，至於書籍的分類，顛覆一般書店以出版社的作品來區分或以旅遊、純小說、歷史等類別來區分

書本如何分類，店家自有條理，你可以翻閱，喜歡了再買。

的方式，而是按照主人的認定，因而會看到「觀光的福爾摩莎」、「微成細緻的日本文學」等標籤分類，倒也別開生面。

與書相伴　美味午餐午茶更加飄香

來到「一本書店」，文青除了充實心靈，也是能夠點餐點飲料的，「好好的吃午餐」菜色不定，店主人在和「上下游」食材店合作以外，也常視活動作調整，例如最近有這麼一頓午餐是小章魚乾滷肉、滷紅蘿蔔昆布卷、金瓜雜煮、海帶鮮蛤湯，散著著一股海洋風味，而另一天就變成了交趾田樂烤豆腐、輕滷福袋、高湯漬茄子、油醋甜椒南瓜、金針菇菇湯，想享用午餐最好先預約；甜點較常見蘋果派、傳統布丁，另外，主人也沒有電話可供聯絡，全靠ＦＢ和一般消費者互通訊息，但只要留下訊息，很快就能獲得回音。

店主人說，當初開店，順著一份念想就去做了，做了就不會想太多、自尋煩惱，「畢竟我們看了書，要行動。」很多人專程來到這裡挖寶，碰到同道中人，自有意外之趣，角桌上的「綠主張」等文宣品歡迎自行拿取，若是想把餐點帶走，為了環保起見，鼓勵自備容器。

用心經營　就是最好的週年禮物

創立於二〇一四年七月十二日，店主人感嘆：「很安靜地度過書店的一週年紀念日。在這紛擾擾的世代，有太多的週年慶，因此不需為此增添些名目來做為行銷之道。雖然己身過去的工作經驗都在設計跟廣告企劃堆裡打滾，但說實在的，已經很厭惡了失去真心的節日商業企劃了。因此最好的一週年紀念，就是好好的用心做一天書店。」

返璞歸真，忠於所愛，如果一本書店的店主人夫婦可以這麼淡然地面對他們的真實想望，我想，這對於很多忙、茫、盲的上班族，或許是一個啟發，也許回鄉腳踏實地種田栽果，也許降低物欲只求生活樸素舒坦，也許，就是減少一些工作量，陪陪孩子和家裡的貓狗毛小孩，同時，終於也騰出一整天的時間來讀起一本古書，進入發人深省的文學世界。

特色亮點

一本書店的書籍分類，完全按照主人家的設定，包括：「觀光的福爾摩莎」、「微成細緻的日本文學」等等標籤分類，值得細細品味。

4 | 3
5 | 1 / 2

1. 店主人自己釘書架，看似隨意擺著書就跟在自家一般。
2. 由大本字典割成碗狀的書，再擺上古樸筷子，這就是精神食糧了。
3. 除了一方招牌，門口再有的就是標示節氣的黑板立架了。
4. 吃喝點什麼？請看黑板。
5. 不太有「存在感」的主人和吧檯，始終默默地陪讀著。

INFO

- **一本書店**

地址：台中市南區復興路 3 段 348 巷 2-2 號

營業時間：週三至週日 12：00 ～ 17：00，週一、二公休。

午餐請事先預約，茶飲全日供應。

活力文化咖啡館

旅遊書與古典音樂的滋養

按照地址去尋找，初次從美村路口望向「活力文化咖啡館」時，直覺地認為店面不大，招牌、特色都不明顯，那外觀，實在有點像約人就近喝咖啡以便兩、三個小時扯談直銷的地方；不過，很高興我的想像錯了！店內以好書、古典音樂餵養精神文化所需，內涵之美遠遠超出想像。

有古典音樂CD、DVD不稀奇，稀奇的是絕版品在架上等你尋寶。

魅力主人　旅遊、音樂如數家珍

英文諺語說：「Don't judge a book by its cover.」的確，不該以貌論人，從外觀亦無從揣測一家店的能量，尤其，活力文化咖啡館主人就是渾身充滿魅力的高嵩明，專精於東歐文化旅遊、古典音樂賞析的他，解說之際，典故、趣事順手拈來，如數家珍，散發出高溫度的熱情。

高嵩明的祖父高金榮是有名的國樂器製造家，回憶成長環境裡不但有絲竹管弦之音，還有巴哈、貝多芬、莫札特等古典音樂作品的黑膠唱片，就讀高中時期，聽過捷克籍德弗札克的E小調第九號交響曲《來自新世界》，讀過「捷克音樂之父」史麥塔納《我的祖國》交響詩唱片導聆，在他心裡種下好奇、戀慕捷克的神奇種子。

畢業於中原大學資訊管理系，高嵩明剛退伍，應徵成為誠品書局進駐台中中友百貨店的編號1員工，後來升任店長。幾年後，擇木而棲，跳槽到法商吉安量販店當經理，可惜吉安在一九九九年九二一大地震之後撤出台灣；二○○○年，高嵩明進入竹科一家光電通訊科技公司任職業務經理，由於工作上的需要，他經常飛到歐美國家拜訪客戶，對於歐洲文化懷有濃厚興趣的他，開始在拜訪客戶以外的時間遊歷藝文景點，同時累積了第一手的捷克書稿資料；一九九○年捷克愛樂交響樂團在「布拉格之春」音樂節的全場演奏實況，延宕十四年，才在台灣發行ＤＶＤ，中文導聆解說正是高嵩明寫的，涵蓋了樂團音樂曲目及捷克歷史文化的介紹。

東歐之美　等你前來一一了解

當年，市面上比較缺少專門研究捷克等東歐國家的文化旅遊書籍，高嵩明二〇〇四年為捷克愛樂演奏會所撰寫的專文，受到捷克駐台外交單位的注意，主動尋求合作，好把捷克文化、旅遊、音樂之美介紹給台灣民眾，三十五歲的他決定讓生命隨著這個契機，結合興趣和理想，人生換跑道，有個新的轉捩點，毅然辭去科技公司差事，立刻回到台中家鄉，租起房子，開一家兼賣古典音樂ＣＤ、旅遊書籍、咖啡下午茶的綜合店，同時可在這裡舉辦音樂聆賞會、讀書會、新書發表會等等活動。

二〇〇六年五月，熱衷於推動文化外交的高嵩明出版著作《捷克經典》，內容精采，獨享捷克共和國前總統瓦茨拉夫・哈維爾推薦序，叫好又叫座，獲得捷克政府頒贈「國家之友獎」殊榮，是台灣第一人，獎品是座可由上頭透視核心國徽圖像的水晶球，重達六公斤，擔心易碎，他不敢寄托運，一路辛苦地扛著這件隨身「登機行李」出關，捷克機場海關人員掃瞄時，誤以為可能是件圓球炸彈，引發

古典音樂、旅遊書，在這裡買得到。

一場虛驚，發現是國徽時頓時鼓掌致賀，讓他從速通關；二〇〇九年底，他又再榮獲捷克共和國頒予「卓越貢獻勳章」。

親身帶團　化身東歐深度旅遊專家

大家習慣尊稱高嵩明為「高老師」，因為他常應邀到逢甲大學通識中心以及光大社區大學等單位演講，二〇〇七年起，與古典音樂電台合作帶團遊覽東歐，或量身定製文化音樂深度之旅，擔綱講解領隊，最常去的國家是捷克、斯洛伐克、奧地利等，上銀科技總經理蔡惠卿就曾參團暢遊

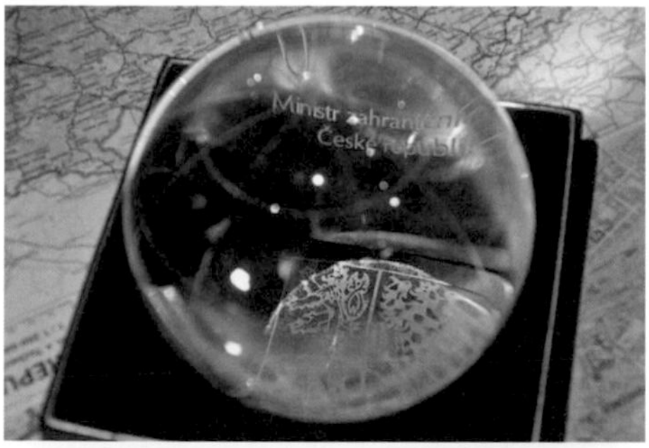
Ministr zahraničí
České republiky

因爲多年來致力於推動台、捷兩國文化、旅遊與經濟的交流，2006年5月4日於捷克外交部接受正式頒獎表揚，成爲史上第一位榮獲「捷克國家之友獎」的台灣人。
本次同時獲獎者還有美國前國務卿—歐布萊特 Madeleine Albrightová、高棉(柬埔寨)國王Norodom Sihamoni、教廷樞機主教 Tomáš Špidlík等多位國際名人。

特色亮點

對東歐文化、古典音樂有高度興趣的人，請前來拜訪，聽聽專家等級的高嵩明講述，一定會給你一個充實愉快的下午。

捷克經典

1
2
4 | 3

1. 就是這個水晶球，讓高嵩明通關時被誤以為恐怖份子。
2. 牆上掛有高嵩明獲頒「捷克國家之友獎」的照片。
3. 茶具也是從東歐帶回來的。
4. 高嵩明展示他的《捷克經典》書以及所獲勛章。

德國，返國後還邀請他到上銀開講CQ（cultural quotient，文化智商）課，幫幹部們增加文化內涵。

店裡豎立著捷克、斯洛伐克兩國大使館所送的國旗，立架上擺放著從德國等地帶回來的絕版CD，高嵩明回顧走上這條多元文創結合的路，是抱持尋求人生轉型、重生的強大勇氣，或許經濟上並不比以前穩定，但帶給自已和妻兒的卻是另一種心靈上的共守和富有。

咖啡館的午後　聆聽主人家的精采人生

下午時間，他比較常在店裡，下午茶的主角往往從食物變成高嵩明本人，聽他如何帶著身為長笛老師的妻子共同學習德語、捷克語，又如何教稚子好好練習台語，聽他如何和與前美國國務卿歐布萊特同台領取捷克「國家之友獎」，現在經營這家店又是如何靠著口耳相傳，吸引同好聚集，樂在其中。

「活力文化」咖啡館，重點在於用台語發音的「給你文化」，咖啡倒像是配角了，然而維也納咖啡搭上德式的馬鈴薯泥、香腸，竟然也有一種屬於異國風情的美味，高談闊論之時，再點杯有機薄荷茶、有機綠茶、黑咖啡，很提神，離去前更別忘了接受店主人的絕版品推薦，或根據自己的專精喜好親手挑「片」，澆給飢渴的心靈一場文化活力的甘霖。

2 | 1

1. 從路面上看不到綠色店招牌，得走到店門口才能看到。
2. 德式馬鈴薯泥、香腸搭維也納咖啡值得一嘗。

INFO

- 活力文化咖啡館

地址：台中市西區美村路1段705號
電話：（04）2372-7129、0920-516-930
營業時間：週三至週一12：00～18：00，週二休
採預約制。

開放式廚房，讓人一進門就聞到麵包的芬芳。

好好 good days

放慢步調，好好過生活

睡到自然醒，吃一頓很慢活的早午餐，甚至延續到了盡情頹廢放鬆的下午茶，欣賞屋子裡所有的文創大作品、小物件、巧思角落、滑軌拉門設計，看得到開放式廚房裡的「忙活」，買得到你想延續美好回憶的餐食材料，支持創作，支持小農，放慢步調，讓自己好好過生活；你有多久沒這樣做了？

放慢步調　給自己一個半日閒

忙碌的步伐，在這裡暫時停住了瘋狂的趕路；「使命必達」的汲汲營營，在這裡像鬆開的彈簧，不再繃到快要應聲而斷，我們總是說努力工作是為了要享有比較好的生活，沒錯，但我們真的有改善生活的品質了嗎？至少，在精神上出走，偷得浮生半日閒，放逐自己到一個可以悠閒散漫的地方，自個兒去或帶上家人、朋友，只要覺得能夠全然鬆快就好，如果還沒有找到理想的店家，不妨到「好好 good days」試上一試。

站在好好 good days 門口的小庭園前，首先注意到的可能是擺在方箱子裡、捲成像喇叭筒的白色報刊，可以免費地任意拿取，這正是店主人林庭妃介紹食材和菜單的「GOOD NEWS好相報」，沒有任何壓力，看中意了再進門，實情是店內經常高朋滿座，有訂位還是比較妥當。

家具結合餐飲　好吃又好看

走進店，左側是堆滿新鮮蔬果以及麵條等加工製品食材的長方桌，右側是開放式廚房，裡頭是有型有款的家具、餐桌椅，服務生就在餐桌之間走動著，這到底是家具店還是餐廳？答案為「以上皆是」。

如果說TLC旅遊生活頻道節目《遊歐洲買家具》主持人Tim Hitchens走訪歐洲城市選購艾米斯躺椅、包浩思咖啡桌，是結合家具和旅遊，那麼好好good days就如同節目的迷你版，它結合的是家具和餐飲。主人藉由這陳列手工桌椅的空間，開宗明義地提醒你：放慢生活步調，好好過生活。

「有多久沒有讓心靈沈澱下來，好好過生活了呢？」林庭妃這樣問自己，「好好」這兩個字拆開來就是女子、女子，但在薰衣草森林共同創辦人詹慧君辭世以後，兩個女生只剩一個，林庭妃特別忙碌，好好吃一頓飯、看一本書、修剪花木，成為最渴望的念想，人，千萬別過勞了，生活裡就應該有些留白才美。

老件妝點　打造有溫度的店

好好good days就在此等背景下誕生，應邀擔綱的空間策展人毛家駿曾經當過美術設計總監，因為想要照著自己的興趣過生活，所以辭掉工作，跑到日本遊玩三個月，回來後成立生活道具工作室，他能體會林庭妃簡單開心生活的夢想，於是把自然、樸素的原木放進一樓的空間裡，其中包括了一百年以上歷史的拼接桌、從倒閉的木器廠收購的木紋餐盤。

木架拼接，來自於老件再利用。

毛家駿偏愛木料老件，特別去桃園一家木箱、棧板的拆解回收廠尋寶，找到一批木頭就帶回來發想設計，加工再製成椅子、牆板、置物櫃，切割的木頭廢料則可轉作杯墊，除此之外，高矮寬窄不同的座椅也是他蒐購而得的戰利品，出手的時候有樂趣，割愛的時候也有一份被認同的得意。

創作一家有呼吸、有體溫的生活店，透過玻璃門，把院子的綠意延伸到裡面；遭遺棄的六米保齡球道被重新賦予生命力，搖身一變成了展示餐具書本和食材的環保桌；進到餐桌區，回收老木拼製的隔間門，隨著特製的框形鐵軌可以任意拉隔；一大面牆，目前展示的是插畫家良根所畫的飲食壁畫；看著報紙點餐？不，是MENU做成了報刊的樣貌，畢竟，在餐桌上邊吃早餐邊看報紙，也代表著一種隨興的愜意。

麻芛綠沙司慢燉鱸魚口感溜滑有特色。

不只是餐廳　還是創作者們的展演平台

這裡還是十位手作工作室創作者們的聯演藝廊，沒有一張桌子、椅子是相同的，如果想買哪一個物件，用手機刷一下紙卡片上的 QR Code，就能得知價錢。

年紀輕輕的劉品瑄藉由一張椅子重現兒時的美好回憶，挖凹的樹幹可以藏進玩具、餅乾，然後把黏覆著絨毛墊的圓木頭片蓋好，就能舒舒服服坐上去了；擅長手作布包的貝雅，小書包收納袋傳遞她一貫緬懷的女學生青春歲月，平凡之中，

柴燒冷豆腐與冷製番藷麵，讓人胃口大開。

看得到做菜的狀況，很安心。

自有幸福；曾榮獲德國ＩＦ、紅點大獎的駱毓芬運用南投竹山竹材的溫潤，述說竹箸的工藝美感，吃飯，也要用心。

盛夏滋味　麻芛飲品給你在地感動

我來訪的人間七月天，適逢店家推出限定麻芛飲品，光是望一眼那翠綠的鮮色就很消暑，麻芛是最能代表台中農業發展歷史的作物，一九七五年，台中區農業改良場以黃麻種子研發名為「台中特一號」的新品種，開啟麻芛在台中盆地大量種植的歷史；日據時期，南屯的麻園頭溪即以黃麻園聞名，南屯目前也還保留有一大塊農地面積。

對壁用餐，良根的食物歷程壁畫也有可觀。

麻芛是黃麻的嫩芽，在物資缺乏的年代，黃麻整株的實用價值很高，可食、可加工做為染劑，以及製作胸花、錢包、壓花等工藝品。黃麻是麻繩及麻布袋的原料，在日據時期及台灣光復後為重要的經濟作物，早期多被應用於農業器具及日常生活用品上，自聚脂纖維工業興起後，麻製品因需求大不如從前，黃麻種植面積愈來愈少而逐漸沒落，想要嘗口費工費事去苦水後煮成的麻芛湯，也變得不易了。

搭配麻芛牛奶，早午餐的其他成員包括了風味蜜絲蛋或慢磨花生醬搭香煎豬肉吐司，若想直接點選可以吃飽的，可考慮麻芛綠沙司慢燉鱸魚或是細燉牛肉、鹽麴醃五花肉配焦糖鳳梨，其中，五花肉來自於牧養戶張智翔和張裕宗齊心協力在森林場域下養出的陽光豬。綠如滑翠、清爽消暑的麻芛湯，能直接把人帶回昔日農村生活的樸實單純滋味境地。

麻芛綠沙司燉鱸魚挺別致的，口感溜滑不澀，兩種食材搭檔很對味，毫無腥味；蜜思蛋是獨家優選特色菜，底部是馬鈴薯泥，以肉醬填餡，再打上一個蛋，攪拌後舀起來吃，綿密滑順，香而又鹹，絲絲入扣。

午茶、豆腐、麵茶　給你全新體驗

下午茶上陣，柴燒冷豆腐與冷製番藷麵，在別處吃不到，店主人解釋，這是特別向手工老師傅林永全訂製的，豆腐含有一種QQ的細緻口感，番藷麵真的是蔡武將先生用竹山番薯加入麵粉製作的，快速沖冷後保持它的爽勁，如果吃不過癮，店裡還有提供外賣。

麵茶冰沙與台灣綠茶霜淇淋，唸起來是兩項，吃起來是融合為一的，顛覆你對麵茶的制式想像，讓人嘗到原來麵茶的吃法不限於沖熱水，冰涼著吃更爽口，加上綠茶滋味的冰淇淋，風味契合，牽引出更多驚喜；霧峰芋香米磨打的米奶、手作的果醬、烘焙出風味的MOJO咖啡，純樸的芬芳從來不須造假，就能體會，在下午茶到晚餐的空檔裡，發呆、聊天，再來杯咖啡或原味紅茶，都是好的，好愜意，好回味。

捎上農產品回家分享，大肚鄉農民陳志煌的西瓜、霧峰鄉宋威霆的龍眼蜜以及其他諸如霧峰香米等等，下手別遲疑才不會抱憾而歸。

2 | 1

1. 麵茶冰沙加上綠茶霜淇淋，爽口綢繆。
2. 蜜絲蛋香鹹融合很入味。

特色亮點

除了餐飲，好好good days的家具，真的讓人流連忘返，喜愛家具或老件的人，別忘了來這裡，保證你不想回家。

INFO

・好好 good days
地址：台中市西屯區朝富路 232 號
電話：（04）2258-0196
營業時間：每日 07：30 ～ 21：00，早午餐 07：30 ～ 11：00
下午茶 14：30 ～ 17：00

臨著台灣大道，默契咖啡像是鬧區裡的芳鄰。

默契咖啡館

是咖啡館，也是社會議題基地

「默契」咖啡店面雖不大，卻是一家很硬裡子的文創理念店，第一次走進去時，我只感覺牆面擺放著不少書，喝咖啡還有得「伴讀」，後來才知道「東海書苑」、「上下游市集」都是在這裡滋養茁壯後獨立出去的。

咖啡香　讓同好相聚也散播理念

店主人陳致豪回憶，二〇〇六年底合夥開設了默契咖啡，當時，二樓就是「上下游市集」辦公室，有感於愈來愈少年輕人投入藝文行列，他懷著一種社會責任感，希望不僅提供餐飲服務，也把這店當成文創基地，出借場地，吸納同好，例如他和三個朋友一起拍了部紀錄片，就在店內「首映」，此外，還劃出一個區塊讓欠缺資金的「東海書苑」賣書，然而大家都窮兮兮的，咖啡店太過藝術化、形而上，會被認為高來高去的，難以傳承、傳播理念種子，更現實的是：「一直在賠錢」，除了擺很多書，總得想辦法改善營運。

二〇〇八年底他獨資把店頂下來，經過內部整理，終於算是開放式的咖啡店了，因為單單同好們關起門來聚會，影響力有限，為能傳達社會運動、文創運動的理念給更多陌生人們，他改變方式，不但經營空間，也經營時段，例如讓蘋果電腦研習者在這裡舉辦餐會，接著也接受小型分享會租用場地，真正開始收錢，也認真地賣起咖啡、總匯三明治早午餐了，終於停損，撐了下來。

聚焦社會議題　傳遞藝文創意訊息

「傳說有這麼一家咖啡店……」，反核四、反服貿、監督政府改革的先驅者比如「憲政公民團」創辦人馮光遠和組織「島國前進」投入學運、社運的黃國昌，都不約而同地成為座上賓，也都變成了他的朋友，近六年來，不變的默契正是關注社會議題，「靛影展」、「麥客自由聚」、「黑狗兄電影社」紛紛成了默契店的夥伴，

走進店，書架上大部分的書是可自由拿下來翻閱的，中間那一區則是陳致豪選中後買進的書，希望書賣有緣人、識貨家；在近幾年故宮博物院「朕知道了」紙膠帶流行開以後，默契咖啡的吧台上除了手工餅乾，也擺上了多款各具可愛圖案的紙膠帶，還有五顏六色的作畫麥克筆等美術工具，父母帶著小孩來喝下午茶，小朋友吃飽了，就能製作

是咖啡店也是小型書店，挺方便。

1. 在這裡可以喝得到強調搖滾精神的「獨立」啤酒。
2. 這一面牆就是年輕藝術工作者的作品舞台。

自己的小工藝品，不會吵到人。

一進門的左邊小桌子上，總有些免費的文創刊物、藝文展覽訊息DM可供自行拿取，同時懸掛或張貼反核四、反棄養動物、國際特赦組織五十週年海報展等海報，爭取認同；有時也會舉辦一些相關的特賣活動，例如過年時節，小桌子突然面目翻新，一片喜氣，原來是店主人讓出這方舞台，提供藝術工作者現場揮毫，可以以名配聯，也可以是圖文並存的創意春聯，依大小及書法字體，一幅二十、三十元到三百元不等，同沾年節意象及喜氣。

牆面更精彩　流動的藝術展演舞台

從事多年平面廣告的視覺創意設計工作，陳致豪這位總監級人才、「雜學宅男設計師」的作品也在後面牆上掛著一排，例如看似簡單造型的紅色圖案，一望即知是「紅衣主教」，下方英文句子是「It is our duty now.」在一瞬間就攫取住你的眼和心。

默契咖啡店裡的文創，是流動的，理念如一，卻常作更動變化，例如右面整片牆壁可贊助年輕文創工作者在此吊掛攝影作品、小幅手繪，如同迷你規模的個展，有些創作品並非字畫攝影，而是工藝品，我就看到店主人也代售設計師品牌「Re：Cycle」皮製的蛋形捲線器，鼓勵大家使用電腦、手機、MP4、外接裝置都很環保地把電線收錄好，以免脫線、絆線一團亂。

在地農作　無農藥咖啡豆、獨立啤酒嘗鮮

到默契咖啡，必喝的飲品是南投中寮溪底遙農場的無農藥咖啡豆，自從九二一大地震以後，就以實質行動支持受災嚴重的中寮農場迄今，除了拉花顯出具形貌與層次美感的法式香草拿鐵，還有梅子醋、百香果醋，冰涼的醋飲夠解渴，要想吃得飽足些就搭上雞腿三明治、烤布蕾，夏天時會推出新鮮麻芛煮湯後再加牛奶製成的麻芛奶茶，相當清爽。

別忘了來瓶閃靈「獨立」啤酒，成立於二〇〇三年的北台灣麥酒，是台灣首家採用歐洲古典工藝技術釀酒的啤酒廠，承襲了中世紀歐洲修道院的傳統釀酒工藝，堅持在地釀造，融合了台灣本土水果的原汁原味，打造出有著濃厚台灣味的本土精釀德式小麥啤酒，水果香氣與丁香香料味完美結合，由於沒有過濾酵母，所以酒液混濁，小麥原料純正，加上歐洲啤酒花、德國啤酒酵母，到味、夠勁，使這家店更加彰顯搖滾獨立精神！

3 | 2 | 1

1. 來杯法式香草拿鐵，舒展好心情。
2. 冰水果茶飲來暢快。
3. 三明治搭甜點或飲品人氣高。

INFO

- 默契咖啡館

地址：台中市西屯區台灣大道二段 902 號
電話：（04）2313-4597
營業時間：每日 10：00～23：00

主建築惟和館外觀古色古香。

台中刑務所演武場

六藝道場品味下午茶

被喻為演藝界「男神」的金城武，本來應該在台中市林森路旁的台中刑務所演武場拍手機廣告，穿越時空，落坐日式平房沏茶、寫書法，再撐起雨傘，走入滂沱大雨中，緩緩說出這句：「世界越快，心，則慢」，但他卻和最美的演武場場景擦身而過。

美麗重生　讓民眾盡情欣賞

原來，錯過的原因是因金城武是位極為注重隱私、不想被打擾的明星，隸屬於台中市政府文化局的刑務所，日式人文氛圍濃厚，原本是電信公司拍這支廣告的首選，但面對一句提問卻遺憾出局：「有高高的圍牆能把粉絲（fans，fanatic 狂熱迷的簡稱）隔絕在外嗎？」答案是「沒有。」

事實上，一牆之隔後頭的台中監獄早已搬遷到望高寮坡地上，文化局好不容易才把牆外的刑務所現址整頓乾淨，對民眾開放，沒料到，那一廂和「過去」道別，這一廂竟和金城武擦身而過，幸好，它的美重生了，沒有被追尋中日文化底蘊氣味的人們遺忘。

幫助刑務所重生的是財團法人道禾教育基金會，與文化局簽約O.T.（operate-transfer）營運、移交，在此設立道禾六藝文化館做為台中刑務所演武場的管理單位。

道禾六藝文化館陳宥潔館長，述說這處歷史建築，最早，日據時期明治三十六年（一九〇三年）三月殖民政府把台中監獄遷建於此，「刑務所」意即監獄，由典獄長治理，「演武場」意即體育館，典獄長及警務人員在此有木造宿舍、風呂浴場，並在劍道館裡練劍道健身，一九四二年至一九九二年期間，鐵皮屋後整大片就是台中監獄，人滿為患，號稱全台最大監獄，一九九二年一月二十四日遷至郊外寬闊的培德路，這一大片建物區域整個衰敗黯淡了下來，一九九九年發生九二一大地震，造成刑務所建築物受損，接著二〇〇六年十一月又發生大火，燒毀三棟建物，劍道館屋頂都塌陷了，文化局乃向文建會申領四千萬元預算進行修復，至二〇一〇年修復完畢。

劍道　與古蹟擦出新火花

任職於道禾教育基金會的陳宥潔覺得，道禾平日就在推廣

惟和館主要用作劍道教習場所。

1. 來此也可報名茶道課。
2. 一個人也能自斟自飲，享受茶香。

古人常規教育必修的「六藝」禮樂射御書數，也就是禮儀、音樂、射箭、駕駛馬車、書法、數學，有辦幼稚園、劍道班，既然演武場傳承劍道古風，建議道禾創辦人曾國俊租用或投標營運，曾國俊指示不計成本、維護歷史古蹟，二〇一〇年十月以深具人文特色的計畫書標得後整修，次年五月正式開幕營運，簽約五年，可續約五年，如今回想整修前她一個人手持竹劍、帶著口哨守在劍道館，對於流浪漢徘徊不去感到心驚膽跳，深怕他們會闖起來，只留下一句感懷的話：「還好天公疼憨人。」去除了鐵皮屋後的監獄高圍牆，平安過度到今天，不會再把圍牆築回去了，也幸而煞費心思經營文創特色的歷史建築，已經轉虧為盈。

面對著刑務所演武場現有的這三棟建築，正面方的是惟和館，左棟是心行館，右後棟是傳習館。主建築惟和館主要用做劍道教習場所；心行館是日據時代刑務人員的休憩俱樂部，目前用做推廣六藝文化的場所，開班包括茶道、古琴、圍棋、水墨、篆刻；傳習館是間展示室，提供場所扶植在地藝術家舉辦藝文展，也開了弓道、書法、紙藝課程。

喝茶休息　靜心沉澱好放鬆

喝下午茶的位置在心行館的大書房，可依人數選一茶一座或一茶二座，這一天，從曬人的陽光裡走進琴音悠揚氛圍的大書房，心，立刻涼靜平和，坐在藤面木椅上，先來一壺日月潭紅茶冷泡冰飲，沁爽暢快以後，詳細端看小書房的茶席墊布等文創禮品，然後再回轉原座，喝一小壺白毫烏龍，嘴饞地搭配著甜點芒果乾、椰棗核桃、冰餡銅鑼燒，沈浸在茶湯琥珀色澤和熟果焙香中，我願化做叮吮烏龍茶葉的浮塵子（小綠葉蟬），滿足於盛夏裡一樹、一葉裡的一方寸小小天地，努力把澀菁轉化為蜜甘，然後，靜待下一世的輪迴。

來到演武場，可以只是喝茶休息，什麼都不做，也可以積極地參與一期或一期又一期的劍道、茶道等課程，其中，劍道、弓道特別提供單堂體驗課程，例如蔡明川老師教授的弓道課程，不僅教學員射擊，還傳授求生箭搭桂竹求生弓、穿甲箭搭弩臂弓、燃燒火箭搭腳踏弓；幻想變身電影魔戒裡的精靈神射手勒苟拉斯，優雅射箭，百發百中，或是中國神話中的后羿，狂野射日，又或三國時代的呂布，遠從一百五十步開外射出流星箭，穿中方天畫戟的小枝，瞬間化解了劉備、袁術雙方的兵戈，豪情萬丈，猛回神再望向蔡老師專注的炯炯目光，人師難遇，珍惜了，才能擁有。

一茶一座或一茶二座，靠窗都有好景致。

曾經下陷的木地板，修復好後繼續承載劍道課。

走逛走逛　傾聽建築與老樹的對話

如果只是想喝咖啡、遊走於演武場建築與老樹之間，小書房提供手沖咖啡「墨啡」，小瓶裝，帶著走，爽神地邊喝邊瞧，咦！惟和館前庭院的老樹，究竟是榕樹還是龍眼樹、芒果樹？都對，因為它是「三合一」啦！很具台灣特性的這三種樹百年以來長在一起、抱成一團，相依相容，再也分不開，後庭的「資深」榕樹也都達一百二十的年資。

二〇〇七年底接受台中市文化局委託而協助修復演武場的建築師郭俊沛回憶，有歷史質感的景觀才容易凝聚城市印象，演武場歷經劫難滄桑，幸而建築物的結構強度猶在，這才能蛻變為浴火鳳凰，打開胸懷，借給造訪者一份心神領會的愜意。

中日建築意象　值得細細品味

站在惟和館前，會看見正門頂部鑲有「武」字的經卷式鬼瓦，格局方正，基座挑高，頗具威武氣勢；建築物兩側，鬼瓦的三角尖簷脊下，還有木板雕刻而成的「懸魚」裝飾片，在此，日式建築惟和館竟然融合了中國浙江、金門一帶都有的閩式建築風格，加進懸魚裝飾，圖案如蝙蝠，取「福」吉意，這就像庭園的三合一樹，建築物也融合了中日意象。

穿越過扶疏花木，來到傳習館。

1. 鬼瓦的三角尖簷脊下，有木板雕刻而成的「懸魚」裝飾片。
2. 日月潭紅茶冷泡冰飲，沁爽暢快。
3. 茶點椰棗核桃、銅鑼燒，量小多樣化。

惟和館最特別之處，是採用了古建築中造型最優美的歇山式屋頂構造，屋面的下部有四坡，而上部只有前後兩坡，兩山封護的山花垂直落在下部的屋面坡上，交構出「九脊殿」，屋面挺拔，屋頂四角輕盈翹起，玲瓏精巧又器宇非凡，讓惟和館形同迷你的圓山大飯店模型。

再有一個風和日麗的午後，一個細雨霏霏的黃昏，我還是會想到演武館來，純粹喝茶，純粹放鬆，純然緬懷台中監獄以及刑場就在一牆之隔的老黃曆歲月，喝完茶，大踏步面向馬路而去，不說一聲「再見」。

特色亮點

比起其他文創園區，演武場有劍道、書法、茶道等課程，與古蹟相映，真的深具意義，就連下午茶的環境也都能融入環境氛圍，讓人感到經營管理者的無比用心。

INFO

- 台中刑務所演武場

地址：台中市西區林森路 33 號

電話：（04）2375-9366

營業時間：

心行館（含茶飲場所大、小書房）：

週一 09：00 ～ 17：00，週二至週日 09：00 ～ 22：00

傳習館：

週二至週日 09：00 ～ 17：00，午間 12：00 ～ 13：00 休館

註：颱風期間，如遇台中市政府發佈停班消息，則全館休館。

以上可供免費參觀，十五人以上團體可洽訂導覽解說，但婚紗、COSPLAY 等商業攝影則酌收場地清潔費，歡迎預約。

CH2

賞景觀

水相

幸福農莊

向日葵農場

又見一炊煙

明月居

千樺花園

薰衣草森林

富林園洋菓子

梅林親水岸

心之芳庭

水相
入座建築師作品，臨水面、賞噴泉

在停車困難的台中市七期重劃區豪宅地段，背靠著台中市政府的「水相」餐廳，竟然擁有專屬的停車場，實在很方便，而且下午茶的選項多樣化，門面、內裝都氣派，更是經常高朋滿座。

名建築師操刀　打造三度空間水容顏

走進大馬路的水相旗艦店，從外觀看著宛如高級商務飯店的迎客大廳門面，左右兩棟落地窗餐廳之間，極富巧思地以人工水池造景隔開，水池裡有水柱，可以噴灑水花，讓人嚮往是否能夠停放一艘小型「貢多拉」船，水城威尼斯景象於焉顯影。日間，白色的牆面，明亮的窗子，透入天然光影，不怎麼需要照明燈具了；入夜，水池兩側高柱上的大圓形街燈點亮起來，也有一種月影晃動的錯覺美。

名家出手，自是不凡，原來這棟餐廳還是建築師吳建森難得的商業空間設計作品，二〇〇六年十一月開幕時立刻成為矚目焦點，榮獲台灣建築獎、吉隆坡亞太設計協會設計

兩側靠牆開展的餐桌，空間開闊，降低彼此間的噪音干擾。

炸海鮮拼盤既出，香氣四溢。

師獎的吳建森，在設計水相時，以水泥、玻璃與鋼構三項素材，打造有鋼鐵菱形紋飾的清水模牆壁，簡單，卻型塑出建築內外的三度空間水容顏，讓建築物本身訴說了戲劇與詩句，此外，從一樓到二樓，刻意以花迎賓，然後逐漸轉為白色、大地色系，隨著四季表現春意或秋涼。

待客之道　就在讓人驚喜的細節裡

大門入內是午晚餐、下午茶的餐廳區，一桌桌往後倚牆排開，坐進有四角軟厚靠枕的方形沙發椅，就差不多陷進去了，好似進行曲換了個散拍節奏調性，理性切換頻道給了感性，慵懶得很，如果想離開，怕是心裡要有一番掙扎，難怪不少情侶都約到這裡談心訴愛，當月壽星還可獲得店家贈送的美食小品，借花拜佛，獻殷勤不必追加預算。

若是入門就徑直走到底，最後邊是廚房區、會議室用餐區，半道上往右拐經過水池則通往另一棟「紅巢」燒肉工房，視覺效果由白色而彷彿燒起烈焰似的，色調轉變為大紅搭配黑色。

跨界料理　美味與空間爭艷

欣賞了可觀的建築設計特點，迫不及待品嘗義大利菜色以及融合中、義的跨國界料理，水相副理劉謹榕介紹說，有

些菜色是保證在別處吃不到的，因為都是餐廳主廚獨具匠心的研發成果，例如麻油雞燉飯，既有義式燉飯的Q米甜飯口感，還能同時享受麻油雞汁香氣，咀嚼杏鮑菇時又多了一縷菇香，讓人無可救藥地心醉神馳；而泡菜臭豆腐義大利麵，很特別地加上爆炒皮蛋，雖然可能讓一堆老外全都卻步，本地顧客卻迷戀不已，此外，高人氣餐點還有龍蝦義大利麵、辣味雞球泡菜水管形麵、炸海鮮拼盤、辣味鮮蝦佐生菜、瑞士火山起司麵包、蝦仁夾餅、高檔牛排等等，甚至能吃到烤章魚、螯蝦等食材。

坊間不少注重華麗風格裝潢的餐廳，總是在秀完視覺景致後，菜色往往有落差，達不到同等高的等級，而水相的廚師廚藝自我要求高，有本事，夠出色，美食撐起半邊天。

豐盛午茶　讓人拿不定主意

套餐均附麵包、前菜、沙拉、湯品、甜品等，享用完午餐喝茶、吃甜點，是加值不加價的精緻優選，服務生總會推薦飲用冰鎮過的玻璃瓶氣泡水，嘴裡美得冒泡，有助消去食物的殘味，得以再次清爽地進攻下一道；而如果只想單純地、倍加悠閒地在水相喝下午茶，MENU上列得琳瑯滿目，很難在三到五分鐘內拿定主意。

特色亮點

來水相，除了餐盤上的精采，空間上的巧思也真的不容錯過。例如帶來的自然感受，還有空間、用色等等安排，細細品味，也非常引人入勝。

1. 欣賞低調奢華的內裝，為餐飲加值。
2. 年輕女孩也喜歡有景觀可看、有美食可吃。

先說飲品，日月潭紅茶甘甜怡人，無限回味；水果茶濃郁夠味，還可回沖；奇異果、百香果汁這類現榨果汁是純正的原汁原味，只添加些微冰塊，卻放進為數豐富的水果切塊，請客買單的人有面子，絕對不會被抱怨：「怎麼帶我來這賣摻水果汁的餐廳？」櫻桃煎茶則是櫻桃飄香、茶滋味濃，不試可惜；花茶類的品質也都夠誠意，當然也能一再回沖，冰咖啡、冰拿鐵也是高高一大杯，足可品味良久。

想要體驗受寵的待遇，綠茶冰淇淋搭蔓越莓鬆餅，暢快、開心，鬆餅飄香到鄰桌，還都引人側目了；點綴肉桂和粉紅色馬卡龍、五彩星形棉花糖的雪酪冰品，耳邊讚賞「Wow」一聲接一聲；而假若要兼顧清爽味和健美功效，可以來客凡爾賽水果奶酪，或是附加生菜沙拉的優格，口感爽滑，奶香味很勾人。

萬一吃不下了，要打包，沒問題，水相對於打包外帶服務也很講究，採用環保材質的紙盒，用起來安心。

儘管水相已應邀進駐到附近的百貨公司內，多開了一家，但旗艦店佔地夠大，水景才能發揮得淋漓盡致，喝下午茶，總要在水相沉醉過後才算數。

季節水果冰淇淋色澤鮮艷，引人垂涎。

INFO

・水相
地址：台中市西屯區惠中路 1 段 117 號
電話：（04）2258-1616
營業時間：每日 11：00 ～ 22：30
下午茶：週一至週五 14：00 ～ 17：00
週六至週日 14：30 ～ 17：00

幸福農莊

尋找一份無擾的幸福

在農莊裡說聲早安，透著鳥語花香的幸福。

多看了幾部法國、義大利的農莊電影後，難免會嚮往置身農莊，傾聽蟲鳴鳥叫、流水輕風的場景。位於台中後花園的幸福農莊，就如同新社區一帶的餐飲店，提供民宿及下午茶，因而，即使不需要住宿的人，也還是可以來坐在綠意當中喝杯下午茶。

草木蓊鬱　幫眼睛換個桌布

幸福農莊鄰近大甲溪畔，俯瞰山嵐水潤，一眼飽覽天然蒼翠美景，是個可以讓人放鬆的地方。整座園區約五公頃，從台中都會盆地上坡到新社，海拔一直攀升到五百公尺以上，這時只覺得涼風徐徐，滿眼映入蓊鬱草木，就像電腦桌面的效果似的，視窗馬上換了不同景致的「桌布」。

園區內種植不少台灣欒樹、九芎、竹柏、五葉松、桂竹、櫻樹、梅樹、相思樹，位處新社花海，幸福農莊每當冬末春初時節，也呼應著百花爭豔、繽紛浪漫的幸福感受；入夏以後則是梅子、李子、桃子、咖啡結實纍纍，樹林間透著鮮活的陽光滋味，吸引鳥類、昆蟲各自建構棲息的家園，甚至能見得到老鷹、蝴蝶、蜥蜴、甲蟲、螢火蟲，與大自然的動物共存互敬，深情守護牠們的棲生綠地，不光自己幸福，也帶給牠們無擾的幸福。

美景佐餐　身心靈同樣滿足

如果吃午餐，這裡有田園南瓜鍋、現採番茄鍋、百菇鍋、何首烏養生藥膳鍋等，下午茶的選項包括靈芝咖啡、黑咖啡、拿鐵、養生五葉松汁、檸檬梅子醋、金線蓮茶、靈芝茶、新鮮水果茶，冷熱均有，不論喝一杯咖啡或一杯茶，價值並不在於飲品本身，而是眼前別開生面的大好風景，為心靈滌塵。

齊豫高亢美聲的民歌唱著：每個人心中一畝一畝田，每個人心中一個一個夢，一顆啊！一顆種子，是我心裡的一畝田，用它來種什麼，用它來種什麼，種桃種李種春風，開盡梨花春又來，那是我心裡一畝一畝田，那是我心裡一個一個夢。」

看青山夕陽，望平野星河，觀雲霧煙雨，偷得浮生半日閒，把自己從電腦、電視、智慧手機前抽離起身，就是放鬆自己，去尋夢，或許能夠喚醒心底夢田上播種的那個夢想，何時發芽，還得看自己。

INFO

- 幸福農莊

地址：台中市新社區中和里龍安 21-3 號

電話：（04）2452-7929、0975-093100

營業時間：週一至週五 09：00 ～ 19：00

假日 09：00 ～ 12：00

1. 五葉松汁，非常養生。
2. 季節鮮採的綜合花草茶，清新無比。
3. 住一晚，更能感受森林間的活力。

向日葵農場

享受藺草編織、焢窯生趣的海濱與天空

到了大甲，千萬別光去鎮瀾宮燒香祈福，想要放鬆身心，清心明志，更能釐清自己跨出下一步的方向，不如帶著家人、邀集好友徹底出遊大半天，看看那長得跟人臉一樣大的向日葵花朵，見識那即將失傳的藺草編織工藝，體驗焢窯生趣，海邊追風，悠然南山下，能讓人覺得這天過得「真值得」。

藺草編織　古老技藝重現

向日葵農場是座寓教於樂的休閒農園，結合藝術氣息濃厚的文化工作室，發揚古老傳統，因而成為台中市文化局文創街區亮點之一，到此一遊，不只開眼，還更開心。

環顧大甲地區，傳統以來憑藉藺草編織傳奇奠定了「匠師故鄉」的地位，加上芋頭產業，使得文創休閒農業區更是散發著清純的暖香氣息。在這享譽國際的「大甲蓆帽」發源地，鎮瀾宮周邊街市勉強維持著碩果僅存的幾家帽蓆行老店，帽

跟人臉比大的向日葵，其實都是背對著日照方向的。

曬藺草景象，時下已難見到。

下田採棵大芋頭，真有成就感。

蓆一應俱全，不染色的大甲藺草經熟練的雙手編織成呈現自然麥褐色、光澤細緻溫潤的各項用品，最富地方風味。

早年，以已故國寶級薪傳獎得主柯莊屘阿嬤為代表，手工細膩，尤以織成龍鳳圖案草蓆的編織技法最繁複，被列為國寶級藝品，眾多編織草蓆的高手林紅柿等人都交貨到帽蓆店銷售，即使面臨外銷上逐漸改用林投葉纖維甚至紙捻編織草帽，降低成本，取材容易，但正統的大甲草蓆依然強調用大甲藺草編織，蔣夫人宋美齡女士在戶外艷陽下最常戴的正是大甲藺草帽。

在大甲，家家戶戶都至少能編些小品工藝，仔細捏捏三角立體形的長線草身，會發現翠綠色的水草內是有著細孔的海綿體，難怪曬乾之後很柔韌，能夠編出清涼舒適又耐用的草蓆或草帽。

新一代改造　全家投入的文創事業

向日葵農場場長李安妮眼見母親李莊完女士這一代的精緻手藝形將失傳，而父母親年事已高，數年前結束在台北的「呷頭路」職涯，返家改造，經營出向日葵農場，取名由來是因為平房前後至少有三種不同品種的向日葵，迎著陽光綻放，花朵就跟頭一般大，賦予無窮的希望，父親混合泥水與稻殼，製作窯土塊，母親則示範藺草編織工藝，從一棵夢想小苗澆水施肥，茁壯為大甲文創展演的指標園地。

活力充沛的李安妮，為了活化編織生命，接受農委會輔導，曾舉辦藺草設計工作營，邀台北實踐大學服裝設計系鄭惠美、陳玟琦老師把傳統藺草編織結合大學生新鮮創意，皮革、銅扣材料為藺草皮包描繪既純樸又奢華的面貌，讓時尚女性樂意挽住藺草的美。

體驗活動多元　就怕你不玩

向日葵農場推出的體驗活動相當多樣化，包括海濱植物鑑賞、河口生態教室、相約螃蟹之家、鷺鷥賞鳥專區、米食製作、做粿、牽罟捕魚、摸蛤兼洗褲、濱海尋寶、親子芋頭番藷焢窯、挽面、果凍臘ＤＩＹ、石頭花器彩繪等活動，還有松柏漁港、海堤散步或單車玩透透，更可一睹大甲草蓆編織的奧秘，體驗深富文化意義的休閒之旅。

到農場一遊，在地特產芋頭米粉有著炒蝦米、香菇加料，樸實鬆香，柴燒烤雞誘人直流口水，農場現摘現煮的蔬菜最是清鮮脆甜不過，高麗菜乾燜煮東坡肉很入味，把芹菜、蘿蔔乾拌勻剁細的魚肉後再乾煎成魚餅，絕對是古早味，如果想帶些額外補給回去，可以拿鐮刀下地割取碩大的白高麗、紫高麗、結頭菜等四季不同的多種蔬菜，或是採向日葵的花枝、種籽，農曆八月到農場正是時候，赤腳採芋頭，秋收的滿足上心頭。

午茶時光　歡迎你ＤＩＹ自己的餐點

下午茶有兩種：做苦工而得的以及享受現成的。

好整以暇享受下午茶時光，現打草莓拿鐵冰沙、芒果拿鐵冰沙或熱拿鐵、卡布奇諾咖啡，搭配水果鬆餅、蜂蜜鬆餅，放眼田園芭蕉樹、木瓜樹、無花果樹，什麼都不想，很能讓自己放空後再充電，要是想吃得豐盛、飽足一點，那就一大壺水果茶搭配柴燒烤雞或是土窯焢好的芋頭、番藷、玉米，這款田園風味是在別處不容易品嘗到的。

李安妮表示，若想ＤＩＹ下午茶的點心，可參加各種體驗課程，包括芋圓地瓜湯、芋頭酥、芋藏粿、艾草粿以及紅龜粿。

說說芋圓地瓜湯，大安溪砂礫、黏壤沖積土質肥沃，孕育出檳榔心芋，手工採收的芋頭香醇濃郁、鬆軟中帶Ｑ，把大甲芋頭搓成小顆的ＱＱ湯圓，捏成或扁或方或是小雪人的造型，就著現炒黑糖的糖水，滋味不同凡響，甜到心坎裡。

地景創作。

採顆冬瓜帶回家，收穫滿懷。

芋頭酥中，當然少不了香Q綿密的大甲芋頭，蒸熟後趁熱搗成泥，做成甜而不膩的芋頭餡；手擀的麵皮層次分明，包入現做的芋頭餡，當現烤的芋頭酥出爐時，香氣海上飄，酥酥的，毫無人工艷紫色素在內，放心咀嚼，這份暖熱連自己都感動。

芋藏粿，則是取在來米磨成米漿，接著用米漿拌炒芋頭直到飄發香氣，保持不停地攪拌，芋頭香、米香你儂我儂，再也不分彼此，即成粿料；農家阿嬤自曬的蘿蔔乾是理想的餡料，包餡成粿，最後用黃槿葉蒸熟；芋藏粿是大甲、苑裡一帶鄉下家庭慣於食用的粿類，有機會一嘗美味，可別錯過。

艾草粿，要先把糯米磨成米漿，壓出水分後，再搓成細粉，繼而揉成團狀，加艾草汁轉呈鮮綠色，包進歷經日曬風吹的菜脯絲，蒸熟掀蓋時，餡料軟和帶甜，粿皮Q嫩交加，津津有味。

經典的紅龜粿，遠自殷商時代，老祖宗們相信龜是吉祥長壽的象徵，且甚有靈氣，卜官還取龜甲燒烤後為帝王卜封，信其靈驗，紅龜粿是台灣傳統米食，寓意吉祥喜慶，以往常見於節慶、祭拜、祝壽場合，紅龜粿是用糯米磨成米漿，壓出水分，再搓成細粉後揉成團狀，包餡選包綠豆要比紅豆來得清爽，蒸熟後細細嚼，豆泥綿香，粿皮Q柔，交融合一，其實很耐吃。

親子一起動手做　傳承歷史與生活經驗

為人父母者，帶著小朋友實際動手做，體會何謂「焢窯」，或是到海邊「摸蛤兼洗褲」，才能傳承生活經驗的歷史，或許，傍晚時分，也能就近到海邊撿拾漂流木、為沙灘淨灘，吹吹海風，讓親情自然交流。

記憶曾有的閒適時光，倒可帶包向日葵種子回家種，一包冷凍芋頭足夠重溫好滋味，藺草編織鑰匙圈可當伴手禮，當然，最佳紀念品莫過於一頂藺草帽、一張藺草蓆墊，能在下一次的終極酷暑來襲之際，把自己從燠熱裡解救出來。

英文老歌這麼唱著：「I left my heart in San Francisco. 我把心留在了三藩市（舊金山）」，腦海裡烙印著金黃色向日葵背對著太陽光頑強亮麗生長的姿容，彷彿，我也把心留在了這座無奇不有的農場，並且期待著下一回與香芋相遇、與又大又圓向日葵迎風招展笑臉對望的時刻。

特色亮點

除了大到讓人愉悅的向日葵，這裡還保留了在地的古老技藝，不參與幾項DIY，不一起焢窯，就真的白來了！

1. 秋日的藺草田上，開花結果了，它可不是蝴蝶。
2. 連小玩具也是向日葵的形狀。
3. 看仔細，這不是濱海的巨型風力發電座，而是「藺」類風扇工藝品。
4. 草地上排著藺草帽，追憶樸實年華。

INFO

・向日葵農場

地址：台中市大甲區如意路 27 巷 1-1 號

電話：（04）2681-1196

營業時間：週末假日 09：30～17：30，5 月～１０月，營業至 18:00，參加體驗或參觀，皆請事先預約。

又見一炊煙
在山嵐、古琴、禪意裡喝下午茶

當你在網路上看到被不停地轉PO的「又見一炊煙」照片，不由得喟嘆：「這地方真美！」而當日本人走進「又見一炊煙」的兩層式大型木造屋，也不禁脫口而出：「哇！這是京都啊！」

京都式木空間外，池子裡躺著裸女石雕，美而不俗。

日式庭園　就連京都人也著迷

是的，雖然這裡不是京都，而是新社，但「又見一炊煙」大致上是仿京都建物格局，也間接等於是京都沿仿唐朝建物而建置的，走進攀爬著綠藤的圓拱石門，經過外圓內方的超大一枚古銅錢，拾級而上，木質對門、木地板上鋪榻榻米、正統紅色坐墊與和風坐椅、臨池的長方形木桌、東洋流派插花、古式爐灶、牆壁前懸吊著的鐵壺、木格糊紙拉門、古琴、古箏，幾乎每個細節都在提醒著那既唐朝又京都的風華，讓人沉醉，同時也吸引人拍照拍到手軟，無怪乎是新社第一高人氣的朝聖之地。

到新社，遊玩的方式很多元：看花海、賞螢火蟲等等蟲鳥蝴蝶、手採香菇、買香菇或吃現炸的杏鮑菇、住一晚客家民宿，當然，也可以採取純粹放鬆的懶人法，就到京都禪風的「又見一炊煙」環境裡喝下午茶，讓心靈紓壓，新社

連呈現一塊魚肉排都很泛發著極簡禪風。

的晨曦美，夕陽絢爛，從「又見一炊煙」的人工池旁眺望台中夜景，別有一番景致。

童年記憶　千坪台地圓夢的起點

主人杜文浩早於一九九三年在石岡區創立該區首座農園餐廳「仙塘跡」，從此愛上同等海拔五百公尺高度的新社，一眼看中新社山脊上大樹圍抱、雲霧繚繞的這塊千坪台地，九二一大地震後，逆勢操作，出手圓夢，原因是：「我想住在半是仙境半人間的地方」。杜文浩認為新社欠缺日式禪風美感的好餐廳，有所涉獵的他乾脆動手自畫設計圖，由於懷念童年記憶裡鄉村裊裊上升的炊煙景象，於是命名「又見一炊煙」。

來過此店的人震懾於它的美，掀起熱潮，在網路上大肆轉PO照片，它從此成為不可不朝聖的景點，胸懷山嵐清風，飽覽彩霞映照，眺望坡下都會的車水馬龍、繁星點點，耳聞現場彈奏的古箏或是詩詞彈唱的古琴，沈澱心情，好整以暇地享用一場日本人所稱「味自慢」的慢食下午茶，很有療癒情緒的效果。

蟬意空間　留白的美感更動人

最驚人的美，莫過於面向山崖的建物外頭，順著L形迴廊，

無菜單料理，今天主菜是烤小羊排。

盛盤上晶瑩如綠瑪瑙的講究，這是山葡萄。

也可以坐在戶外的地板上吹吹風。

是刻意挖造的長方形人工池，池水平滿，還凸起一座側臥的石雕裸女像，柳樹、靜水、樸石交織的庭園景織都倒映在無邊設計概念的水池裡，搭配從拱門旁噴霧裝置裡釋放出的繚繞輕煙，置身開放式的用餐空間，在有冷氣的室內用完餐，就可以到室外池邊的紅墊子上坐著啜飲咖啡、果汁，或是享受一頓下午茶，就在這禪意氛圍下，紅色，絕美出奇，教人驚艷。

思索起來，杜先生打造禪意空間，不是把「黃金坡段」每一方吋塞得滿滿的，而是引入簡潔低調、留白、寂靜的概念，例如大門側邊有個兩面皆牆、舖著板石、僅容一人寬度的徑道，由日式亭園所用的燈具為它照明，緩緩前行，直通人工池，美學巧思妝點了細節，訪客隨之優雅有加。

無菜單料理　嘗遍四季在地美味

「又見一炊煙」午晚餐採預約制，屬於無菜單料理，隨著四季在地鮮美食材以及主廚的慧心運用，經常作變化，包括高級食材的主菜，例如羊排、海膽和蟹肉、螯蝦、鮭魚和貝類、帝王蟹、龍膽石斑、安格斯牛肉、松阪豬肉為主的套餐，搭配蝸牛盅、口袋餅、蔥花炊飯等等，常見融合日、台、歐式的跨國界料理，前後所上的道數含甜點、飲品在內，至少十一道以上。

下午茶較有空位，通常隨著四季更動菜單，上座再選，採飲品＋點心的組合方式，價格實惠，選擇上也靈活有彈性，手工製作的義大利帕瑪火腿夾餅，麵皮散發著一股天然的麥香，包料豐富、清爽；椰奶加紅毛丹等水果的摩摩喳喳，香甜消暑；核果布朗尼蛋糕口感扎實值得嘗，要沙拉，也有譜，有機木瓜片、小黃瓜條上撒海苔，點綴著平日少見的晶瑩山葡萄串，蘸著酸奶入口，很健康，胃口大開。

三角茶包袋的洋柑橘，外形可愛，引人會心一笑，陶杯盛裝的有機蜜香茶，蜂蜜香、茶甘味絕美合體；桑椹汁酸中帶甜很提神，口福、眼福、耳福齊享，心，也就停泊在此了。

特色亮點

新社擁有得天獨厚的地理環境，但打造景觀則是得搬出各家本領。又見一炊煙，日式的庭園與營造的空間，自然不造作，值得好好體驗一回。

1. 面對水池、綠樹，心情變得悠閒起來。
2. 角落的清酒，標榜著日本味。
3. 美食搭配紙鶴形狀的筷套，增添和風氣息。

INFO

- 又見一炊煙

地址：台中市新社區中興里中興嶺街一段 107 號

電話：（04）2582-3568

營業時間：每日 11：30 ～ 21：30（年休 4 天，僅除夕前兩天休至大年初一）

下午茶：每日 15：00 ～ 17：00，下午茶時段不開放參觀，無法招待 12 歲以下小朋友。

不必是乾隆，也可以坐進「養心」殿。

明月居
茶花相伴的花語午茶

「對酒當歌，人生幾何！」在「明月居」最宜舉杯邀明月，眷顧這滿園春色，想一想兩萬株千姿百媚的茶花對影不自憐，陪你一起喝下午茶，是多麼的豪氣千雲。

萬朵茶花　奼紫嫣紅超氣派

蜿蜒地開車上新社中興嶺，才過幾個彎道就能感覺眼前豁然開朗，因為左側有必到朝聖的「名店」又見一炊煙，而右側則是不看甚是可惜的明月居茶花山莊，再是楚留香傲唱「千山我獨行」，想必也不能不先來明月居一遊吧！為了這些奼紫嫣紅的茶花，為了一朵解語，萬朵氣魄。

明月居主人黃先生早年經營紫砂壺生意，把攢下的財富逐年購取中興嶺上的六千坪土地，因為泡茶、喝茶，愛屋及烏，他迷上了茶樹之美，開始種植一棵又一棵的茶花，終而形成茶花大千世界的桃花源勝地，他說，明月居堪稱是全國最大的茶花園，站在海拔五百公尺以上的新社地面，視野遼闊，遠眺好山好水、翠峰環繞，近看繁花錦簇，景色如畫，山風徐徐拂面，恍若置身人間仙境，夜幕低垂以後則一攬山城底下的萬家燈火入懷，自己何其有幸，因此願意酌收百元賞花費當作維護費，和遊客分享奇景。

賞花吃冰　歐式城堡空間好愜意

來這裡喝下午茶，坐在像是歐式城堡的空間裡，不論是鮮榨水果茶或咖啡，都很能止渴、舒心，尤其主人還偕同廚師共同研製玫瑰花、水果等多款口味的冰淇淋，別處吃不到，絕對是最佳「茶」點了，醉翁之意不在酒，說不定，茶花才真是下午茶的主角。

每年十二月到次年三月間，茶花盛開，是最佳的賞花期，明月居種植的茶花多達上千品種，爭奇鬥妍，純白、紅色、桃紅色、金黃色等，色彩豐富，花型各異，牡丹型、玫瑰型、單瓣型，讓人目不暇給，流連忘返。

最難能可貴的是若你沒生就「綠手指」，把植物養活真不是你的強項，明月居還提供種苗販售、茶花換盆、施肥灑藥、作造型等服務，這樣，就能把茶花帶回你荒漠一般的生活中，增添艷色了。

特色亮點

可曾在花香之中，給自己一段悠哉的時光呢？在明月居，白天可以賞花，可以午茶，晚上更有花香相佐的夜景，不來嗎？

3 | 2 | 1

1. 別具巧思的餐餚，營造好心情。
2、3. 茶花盛開時，美不勝收。

INFO

- 明月居

地址：台中市新社區中興嶺街 1 段 106 號
電話：（04）2581-9178
營業時間：園區，每日 08：00 ～ 18：00；餐廳，每日 11：30 ～ 21：00
票價：每人 200 元，可抵消費額 100 元（100 cm 以下兒童免門票入園）

主題，瞄準 LOVE ！

心之芳庭

讓你站在世界的中心呼喊愛情

巨大的「LOVE」看板字，豎立在「心之芳庭」的青草地上，宣告了這裡就是全純以愛情為主題的餐飲花園景點，如果戀愛成熟、開花了，還有非常簡約的長廊式教堂等著準新人預約披白紗、許信諾、高聲說出：「Yes. I do.」

愛是一切　心之芳庭不怕愛滿溢

台灣生育率是世界最低的，幸而假日到心之芳庭逛一圈，發現這裡對於情侶相當集人氣，樹叢花間喁喁私語、餐廳裡露笑臉共進午餐、買盒生巧克力送給對方，此起彼落，對數真不少，得感謝「心之芳庭」很用力地營造「愛的園地」，不論未來是否生兒育女，至少鼓勵大家現在好好談場戀愛再說。

心之芳庭位於市區周邊，車到這裡略微上坡，其實並不感覺遠，卻已經有了遠離喧囂都會的輕快感，循著店家刻意引導的小徑入園，喔！原來，用意是先上一堂「愛情教育課」：「我喜歡你幫我抓走可怕的蟲蟲。」「我喜歡妳溫柔地陪著我。」男女對於親密關係的心理學、觀點角度很不同，有共識，較能漸入佳境。

仿造南法的小屋、小樹林、噴泉廣場市集樣貌，情侶可以繞全場一周，走入日歐氣息味濃的雜貨舖裡，選擇是要買手工香皂、布偶、手鍊、香草餅乾、木湯匙、現做卡片，表心意，不愁沒點子，因為這裡應有盡有，而且花大錢吃浪漫西餐或是花小錢吃廣場速食餐，就如同對於禮物的預算和對兩人間關係進展的考量一般，非常彈性，至於為什麼要買木湯匙呢？據傳十六世紀初，威爾斯有男孩親手刨製木湯匙送給心上人的習俗，女方如果接受示愛，就會把湯匙掛到牆上，心之芳庭沿襲這個羅曼蒂克的典故，園子裡因此有面「情定之牆」，專讓遊客掛湯匙之用，美好的約會將在紅花綠樹座椅上共賞日落景致中，劃上「到此一遊」的休止符。

嚴選在地食材　讓人吃得好安心

餐廳裡的午餐、下午茶時段緊緊相連，好不容易培養起來的談心氣氛，別打斷，延續與「好好 good days」同樣的採買健康好食材理念，餐廳非常自豪於慧眼選材，例如「陽光豬」來自彰化的品冠牧場，豬裡生活在廣闊且乾淨的草地上，日照充足，空氣流通，吃著玉米粒、菇類和飼料長大，心情愉悅，運動適度，所以才能提供最優品質的甘味豬肉。

1. 任何一個角落，都可遇到愛。
2. 木湯匙掛滿了「情定之牆」。
3. 透著普羅旺斯山城風格的小餐廳，可供情侶眺望遠景。

在餐廳一樓就能觀察到半開放式廚房的工作狀況，廚師說入菜的菇類全部來自新社的「百菇莊」，品質值得信賴，在地現採、運送，環保又減碳，顧客也能吃到口感鮮美的佳餚，例如玉井芒果鬆餅，材料大塊、實在，烘焙著溫溫香氣蒸騰上升，在限定上檔之時，下手要快。

麵包與愛情　下午茶一次滿足

愛情，不是吃個點心而已，心之芳庭的下午茶時段，很貼心地開放客人也可點午晚餐的正餐項目，就怕情人肚子餓。

表彰愛情的下午茶，令人興奮期待，上桌了，要有愛情，也要有麵包主廚手作三明治，清新明亮的食材，搭配表面一個大大愛心奶花的法式歐蕾咖啡，陽光明媚，甜蜜絲絲入扣，這麼吃三明治，一點也不覺得委屈；想感覺有吃到了「餐」，雞肉青醬義大利麵、櫻桃鴨紅醬義大利麵都能討好味蕾的滿足感，也一定能飽足，搭配玫瑰蜜桃煎茶冰飲或是洛神紅葡萄冰醋飲，各有特色，如果選煎茶，由於蜜桃切片而微漾著的金色陽光茶汁，光是看著，心情就翩然起舞了，而醋飲則是甜中帶酸，沁入心扉，一杯道盡了愛情滋味。

與愛情匹配的，不僅是麵包，還要有甜點，那才有如膠似漆的生活感受，當看到法國巴黎經典款 Sanit-honore 奶油泡芙被端了上來，瞬間會覺得吃完這點綴著鮮艷覆盆子、紅櫻桃而宛如新娘手上捧花或頭上花冠，強烈地在鼓勵自己和盤托出愛慕之意，這時，彷彿聽到教堂的結婚進行曲響起，那麼不妨拉著對方的手，先到園子裡十全十美鐘底下「壁咚」告白，把情誼昇華，修成正果。

特色亮點

這裡的愛意真的濃得化不開，不管你們是熱戀中的情侶，或是需要補充一下愛的能量的佳偶，都值得來一趟，加滿愛情填飽肚子，繼續過著兩人的小生活。

求愛 心之芳庭一樣包辦

萬一真的羞於啟齒，害怕被拒絕，心之芳庭的萬坪綠草如茵大地、莊園婚禮觀禮、求婚專案企劃，都能當軍師孔明，為您描繪美麗的憧憬，是喜歡還是愛，曾經暗戀也曾經心碎，企求相知更願相守，心之芳庭全知道，除了舉辦夢幻婚紗攝影展，展示國際重量級大師 Vincent 焱木、拓克的超美作品，二〇一五年西洋情人節開始，也把向紅男綠女募集的一百個愛的記憶，展示在「愛的園區」迴廊，藉由傳唱的接力方式，鼓勵偏向於「草食性動物」的溫和新人類勇敢說出「愛」字，從「練習曲」著手，站在世界的中心呼喊愛情。

1. 房屋形狀的信箱，啟發情侶共創家庭的念頭。
2. 手作三明治，傳遞情感的溫度。
3. 巴黎 Sanit-honore 奶油泡芙宛如新娘的手捧花。
4. 這裡適合舉辦婚禮及戶外喜宴。

INFO

- 心之芳庭

地址：台中市北屯區民政里芳庭路 1 號

電話：（04）2239-8900

營業時間：

園區：平日 11：00 ～ 19：30，假日 9：30 ～ 19：30

餐廳：平日 11：00 ～ 19：00（最後點餐時間 18：00）

假日 10：30 ～ 19：30（最後點餐時間 19：00）

下午茶 14：00 ～ 18：00

票價：入園費用每人 200 元，平日可折抵消費 200 元，假日限抵 100 元

梅林親水岸

來一場與三十萬朵梅花的約會

每年大約在國曆十二月十五日至一月五日之間，是梅花盛開的花期，如果想赴一場三十萬朵梅花的約會，在台中，當然得上新社區，而在新社，就屬大量種梅樹的「梅林親水岸」了。

不只賞梅　四季皆宜好去處

賞花應及時，惜花要趁早，梅花越冷越開花，如同一大片有著浮水印的白雪，有種絕世的美感，目前因為地球的氣候反常、極端，花期不如早年那麼好拿捏，注意新聞報導以及梅花親水岸的官網花期宣告比較準確，通常到了一月初以後，梅花就凋謝了，大好「梅」景不再，令人唏噓。

「梅林親水岸」位於新社茄冬寮，占地四甲，經營已有十多年，四面環山，遠離塵囂，既然親水，鬆開羈絆來玩水是一定要的，夏天，園區的冷泉SPA最受歡迎，在戲水池內

注入山泉水，純淨冰涼，還免費提供泳圈、浮具等器材，讓小朋友玩得不亦樂乎。想在戶外享受天然溪水的也有譜，園區旁就有小溪流，溪流位於頭汴坑上游，清澈見底，可望見魚蝦悠游其中。

在不同季節，園區推出活動各異，例如六月起的紫斑蝶季、昆蟲節，可目睹數千隻蝴蝶壯觀飛舞，還能和獨角仙、鍬形蟲面對面。

梅香入菜　特色料理美味破表

下午茶時間，園區內的餐廳提供咖啡、輕食和特色小品，特點是結合當地農產品，現點現做，包括用自家種的梅子製作冰釀梅露、玫瑰梅子醋、桂花梅子汁、醃漬Q梅，搭配鬆餅或酥炸新社杏鮑菇、金針菇、香菇，店家有道拿手點心「香沙杏鮑菇」是一絕，杏鮑菇先過油，混勻美乃滋與花生粉、黑白芝麻，在甜味中吃到滿滿的菇香，手工梅飲加上手工茶點、香酥菇類，美味度破表。

想好什麼時候要去賞梅了嗎？預約在自己的筆記日程表上吧！只有那樣，才真能喝到以梅為主題的別致下午茶。

1. 在樹蔭下休憩，或能睡個好覺。
2. 冰釀梅露能讓人疲憊退散。
3、4. 置身繁花綠樹間，休假無羈絆。

1
4 3 2

INFO

- **梅林親水岸**

地址：台中市新社區南華街 28-1 號

電話：（04）2593-1234

開放時間：每日 09：00 ～ 18：00

票價：平日門票每人 100 元（110cm 以下小朋友不收費），可折抵消費額。週六、週日及除夕至大年初四期間，門票不可折抵消費額（梅花季期間及折抵辦法則可見官網公告）

富林園洋菓子

台灣小麥之鄉的城堡下午茶

還有很多人不曉得，台中大雅百年來一直有著「台灣小麥之鄉」美譽，卻在工業抬頭下而相對沒落，十年來，由於「小林煎餅」關係企業「富林園洋菓子」二老闆林文華聯手在地糕餅、文創業者積極打造「小麥文化節」，帶動商機，也讓大雅重現麥浪擺動的熠熠光輝。

台灣小麥之鄉　今日城堡中飄香

自從日據時代起，大雅鄉小麥栽培面積逾七十公頃，小麥產量占全國總量的90%，是最重要的小麥產地，每年三月小麥成熟時，整片麥浪隨風搖曳，在陽光下閃動著極為耀眼的光芒，可惜隨著政府推行「家庭即工廠」，追求工業經濟，年輕農民流失，大雅的小麥生計節節敗退，難與便宜又方便的進口麵粉抗衡，麥田一畝畝休耕，總栽種面積走向萎縮。

原本大雅所產小麥主要供應菸酒公賣局釀製紹興酒，但二

城堡內有木質桌椅，還有伴手禮盒。

展示圓台上，陶甕插著小麥桿，宣示本地麥香。

〇〇一年台灣開放洋酒進口以後，紹興酒市場也直線滑落，連酒甕都賤價拋售，小麥田何去何從？幸而早期選自台中二號品種再經改良的小麥，發芽率高於80%，是冬季裡唯一還種得起來的優良品質小麥，遠勝過金門、大陸的麥種，這才讓大雅手握與金門酒廠的契作合約，供應金門製作高粱酒麴所需的小麥種子，總算維持住大林路一帶最後一塊不廢耕的麥田。

二〇〇三年起，地方人士開始同心協力舉辦小麥文化節，富林園洋菓子負責人林文華率領小林煎餅家族第二代年輕人共同投入文化公益，活動期間，林文華每天捐出兩千片小林煎餅讓小朋友彩繪，十年如一日，小麥文化商圈成功，麥田復耕到六十公頃以上，年輕人也樂意回鄉發展，小林煎餅於此期間蓋起來的富林園洋菓子，宛如童話故事中的美麗城堡，是這段珍貴歷程軌跡的見證，在富林園官網上，都一直高掛著大雅麥香特色旅程一日遊路線的詳細店家資訊，百年歷史的朱慶春香舖以及手拉胚壺趙家窯、道地眷村美食復興餐廳等等，值得一遊。

無可挑剔　景觀、午茶皆迷人

使用本土小麥，人情暖，麥味倍加揚香，富林園城堡不僅是最佳拍照景點，喝下午茶的舒適環境也堪稱無可挑剔，

來杯咖啡，搭配巧克力戚風蛋糕或手工餅乾，自然促進腦下分泌多巴胺（Dopamine），釋放壓力，找回愉悅心情，店裡堅持食材用料都要用好的，例如戚風蛋糕專用紙模是從日本直送的，即使蛋糕變鬆軟，紙模也不會坍塌變型。

柔滑乳酪派採用紐西蘭乳酪，搭配硬酥的派皮，是獨家產品，可搭草莓或巧克力，就變身為雙層乳酪派；嚴選紐西蘭奶油及加入日本麵粉　製派皮的葉子形狀葉子派，表面撒上淡淡糖霜，口感酥脆，贏得高人氣，網路訂購跟著搶搶滾，此外，當然有小朋友最愛的彩繪麥餅。

如果想買小林煎餅著名的釣鐘燒等產品，也不必跑遠路，城堡外臨著馬路的店面就有個小門市店。

小林煎餅　傳香百年

小林煎餅由日據時代從軍的林振南向日本袍澤學習煎餅手藝，當台灣光復，退伍的他一九五〇年在大甲家中手持六公斤重的鐵製煎餅夾起家，當時必須在炭火上定時反覆翻動，每三分鐘才能烘烤完成一片，就這樣烤出半邊天，後來正式登記店號時即定名「小林煎餅」，再過十年之後，才有自動化機器設備來幫忙大量製產。

煎餅以雞蛋、麵粉、糖為麵糊材料而煎成，漸漸地在原味煎餅以外，也發展出花生、芝麻、奶油、海苔、黑豆、黑糖等不同口味的煎餅，形狀也擺脫了制式的橢圓形，而衍生出方形、一口迷你煎餅甚至像是瓦片的「瓦煎燒」，這承襲自日本江戶時代的瓦煎燒，又稱為瓦煎餅，口感相當扎實，滋味古樸；二〇〇四年在國道三號清水休息站的分店推出奶油內餡、外形如同寺廟銅鐘的「釣鐘燒」，係從江戶紀三井寺的大鐘發想創意而誕生，奶油餡濃，煎餅入口即化，爆受歡迎，大幅擴展了小林煎餅的知名度；另還有款「薄燒」，選取高級胡麻、日本海苔及北海道牛奶，交融揉入麵糊，細火慢烤成了薄煎餅，初嘗煎餅者可能一吃就會上癮。

新舊攜手　打造甜點世代

從小林煎餅到富林園洋菓子，林家傳承到第三代的部署接班，企業型態也由沿襲日式傳統的煎餅伴手禮而邁向歐式精美蛋糕、派餅和下午茶餐飲場所，走過綠地，進到挑高的圓頂城堡內，不禁覺得這真是一棟很有誠意的實體店面，能感受到回饋地方鄉土的社會企業所表露的一份善意，就好比蛋糕的夾餡一樣，嗯！有料！

4 | 1 | 2 | 3

1. 小巧可愛的釣鐘燒，是超人氣的明星商品。
2. 奶油酥餅包裝迷你可愛。
3. 為大雅小麥文化節推出的彩繪煎餅，文創味十足。
4. 手工餅乾受歡迎。

INFO

- 富林園洋菓子

地址：台中市大雅區中清路 4 段 340 號
電話：（04）2569-2798
營業時間：週一至週五 10：00 ～ 20：00
週六、週日 09：00 ～ 20：00

- 小林煎餅大雅門市

地址：台中市大雅區中清路 4 段 316 號
電話：（04）2569-2356
營業時間：週一至週五 08：00 ～ 20：45
週六、週日 08：00 ～ 21：15

假日，誰都想待在小木屋裡。

薰衣草森林
療癒系夢田，香草主題浪漫情境

宛如小型的北海道富良野紫色花田，位於台中新社的「薰衣草森林」也發揮它紫色的魅力，人氣紅不讓好多年，從起先配合經濟部的發展計畫，廣植香草植物，一舉成名，是成功的浪漫休閒朝聖地標。

兩個女生　一千兩百坪的圓夢計畫

薰衣草森林背後「兩個女生的故事」，總是為大家津津樂道，二〇一〇年，來自高雄的鋼琴老師林庭妃、在台北外商銀行工作的詹慧君（已過世）憧憬與追求簡單純樸的生活，想擁有一畝夢田，勇敢帶上所有細軟、家當，闖到新社佔地一千兩百坪的現址，擔任開拓者，合力砍掉五十株地主的檳榔樹，改頭換面，種上一畦畦的薰衣草。

雖然位處偏遠，但園區經營得很精緻，故事透過媒體大放送而名聞遐邇，讓大批遊客湧入一看究竟，如能暫時拋開萬丈紅塵，遠途來到薰衣草森林，聽風入林間，品嘗香草料理、手工餅乾，只要儘量避開假日的塞車潮，都是樂事一樁，手握咖啡，因為有花香為伴，特別可口。

新社休閒農業導覽發展協會推出免費的「花仙子」觀光巴士，七個不同區段內的電線桿各自漆上不同顏色，例如香菇主題區的電線桿就是咖啡色的，賞花主題區的電線桿是紫色的，這也蔚為有趣的風景，可以多加利用遊新社，更可一遊紫色路線終點站的薰衣草森林。

香草主題　融入創作活動與美食

林庭妃團隊有時會舉辦「森林物語」、「幫樹穿衣」等等創作活動，投射對於大自然環境的溫暖關懷，希望消費者在綠草庭園之間，獲得一種來自美學傳遞的療癒力量，因而新近也請來插畫家李勁昇突顯黑白分明的風格，以細膩筆觸刻畫出森林遊樂園的路徑，可愛黑熊很有童趣，鼓勵每個人都能展開尋夢之旅。

至於吃什麼，當然就是香草主題的下午茶，建議體驗山居生活難得的簡單樸實味道，放鬆下來，聆聽寧靜步調，享用剛出爐的麵包，抹上奶油，撒下剛剛現摘的新鮮香草，喚醒夢境裡感應到的那股甜甜香草香氣，搭配一壺熱騰騰的香草茶，這正是生活小確幸，既滿足也知足。

夢田裡的這顆種子，可就等待播種、發芽了。

1. 林庭妃發展出紫色的夢幻莊園。
2. 遠遠看木屋，疑似在夢間。
3. 坐著躺椅上飽覽湖光山色，度假就該這麼悠閒。

3 | 1 / 2

INFO

- **薰衣草森林**

地址：台中市新社區中和村中興街 20 號

電話：（04）2593-1066

營業時間：週一至週五 10：30 ～ 18：30；週六至週日 10：00 ～ 18：30

票價：100 元，可折抵園區內消費，預約接駁車另可詢問、付費。

玻璃溫室裡頭裝著一間餐廳，提供美食。

千樺花園

溫室玻璃屋花開處處

「千樺花園」是新社拓荒的先驅，在這海拔五百公尺的涼爽半山上，第一代打造首座花園，第二代則設計出做為餐廳用途的溫室玻璃屋，屋外繁花吐蕾，芳菲處處；屋內，煮咖啡豆的蒸汽交織著無國界料理的熱氣，冒騰著怡人的愉悅感，留住遊人腳步。

新社開拓先驅　父子聯手打造千坪花園

早年，新社宛如一座原礦般的荒地，就連住在台中市北屯區的人都只到大坑健行散心，不知道還有座「後山」，新社除了第十軍團等幾座兵營，就是老農種種香菇、枇杷、番茄等等，香菇產量、品質都在全國數一數二。

從傳統農業轉型為休閒農業，甚至帶入文創新意，二〇〇一年相繼入駐新社的千樺花園、「薰衣草森林」功不可沒，加上政府舉辦花季推波助瀾，吸引遊人如織，於是年輕子弟回鄉了，外地青壯年也來創業，在平台、山腰的「井」字形區域內密集擠進了超過六十家中大型規模的業者，休閒農業蓬勃發展至今。

開拓新社吃美食、賞美景的園藝設計專家張倉明、千樺花園創辦人張祐宗這對父子，是築夢踏實的最佳搭檔。被喻為「綠手指」一九九八年買下二千多坪土地，先是當成園藝場，培植蘭花、仙客來、聖誕紅，同時率先大種梅花，其後，由於花卉趨向商品化，大量繁殖，價值削低，畢業於巴黎Creapole高等藝術設計及管理學院工業設計系的張祐宗發揮設計專長，決定從花農定位轉型為休閒餐飲，二〇〇二年，閒置的倉庫就被改建成玻璃屋式的庭園餐廳，入座綠意景觀中，很能全然放鬆。

美食之外　百種花卉等你賞析

張祐宗微笑著述說，還記得他為了千樺所設定的西餐廳格調而去選購桌椅時，傢俱店問他餐廳開在哪裡，他回答說新社，不料老闆竟大喇喇地勸他：「做阿兵哥的生意，不用買那麼好的椅子啦！」令他啼笑皆非。

他參照外國花園博覽館的模式，首創買票入園可抵咖啡消費額的作法，當年，一百元票價在新社算是令人咋舌的超高價位，所幸嚇不退想要浪漫賞花的人們，終於，在行政院種苗場向日葵、油菜花金黃花海的齊聲怒放下，鄉長李光銘也爭取到政府經費，種下十萬棵櫻花，把花海新社蛻變為另一個陽明山。

入寶山不空手而回，入園時從服務人員手中領到一張花園地圖，可仔細地在擁有一百多種植物的千樺花園裡邊走邊觀察，櫸木、椰子樹、櫻花以及特別品種「香妃」玫瑰，共映艷絕國色；榕樹挺直腰桿、長出翠綠葉片，精神飽滿；柳樹莖葉細長下垂，隨風款擺，展現一股煦風拂面的柔情；暑假期間，不妨留意彎腰去撿相思豆，尤其大風豪雨之後，堅硬的黑褐色果莢被催落，迸跳出猩紅的成熟種子，「紅豆生南國，此物最相思」，撿拾起雙雙對對的數量，裝進精緻的盒子、袋子，送給意中人，堪表一番戀慕；槭樹順

玻璃屋的木地板、綠樹融合在環境內。

覆盆子雪葩酸香清爽。

應四時季節變換出紅、黃、青、紫的顏色，當秋意漸濃，紅葉瀟灑無聲地飄落，猶自閃爍著火焰般的美感，一草一花，都像在悄悄低語，只要靜心，就能聽得見，秋天甚至不掃落葉，讓漫步的客人體會那「沙沙」的跫音。

堅持原則　豐盛午茶令人驚艷

張祐宗回想剛開張的兩、三年，很難應徵得到願意待在新社偏鄉工作的廚師，有的甚至才來三天就走了，逼得他不得不買食譜書進廚房頂起來做菜，他很確定的就是依照初衷去經營千樺，希望形成普羅旺斯山城風格，絕不走土雞城的路線。

自己對餐飲的要求很高，因而提升了主廚水準，也終於邀得了志趣、理念都相投的廚師團隊，激盪出融合國界的百變創意和不凡美味，下午茶的輕食有煙燻鮭魚與桶柑味乳酪起司三明治、香草哈密瓜生火腿芥末籽奶油開放式三明治、培根甜蘿勒三明治、柚子果醬乳酪烤奶油吐司，有機小黃瓜、百香果、青蘋果打製的冷湯，撒些白胡椒粒提味，格外清爽，另以當天市場的新鮮食材製作義大利麵、燉飯，連花園裡的可食性繁星花、金蓮花、薄荷、蘿勒、蝦夷蔥都入菜，搭配義大利波瑞帝啤酒或葡萄酒，滋味醇濃。

熱愛甜點的人則可以選擇手工餅乾、馬卡龍、覆盆子雪葩，由上而下呈現葡萄酒凍、芒果、鮮奶酪層的季節鮮果點心，搭上義式冰、熱咖啡或熱可可，或是肯亞AA、衣索匹亞耶加雪菲GI水洗豆、瓜地馬拉La Folie等等單品的莊園咖啡，全部採取KONO式濾杯手沖，又或可選擇英式伯爵茶、大吉嶺紅茶、四紅果茶、香橙肉桂茶，都能瞇起眼來，享受舒心的午後時光。

在地食材　西式料理手藝下更誘人

如果午餐時分就開動了，色澤誘人的鴨胸、羊排和香氣陣陣的麻油雞，鮮味動人的尖梭、花枝，讓人吮指到揪心肝，麻油雞湯內加進清酒，別出心裁，得用吸管喝，雖然只是羊排配角的澎湖低溫蒜頭，以低溫烤熟，口感宛如馬鈴薯，馥鬱而不嗆，此外，還兼顧法式醬汁精雕細琢盤飾的手藝；千樺儘可能就地取材自新社各農園自然栽種生產的時令蔬

特色亮點

來這裡用餐很幸福，拿著店家提供的花園地圖走走，看看主人家精心打造的花花草草，心情不自主地就會放鬆起來，別只坐著吃飯，起來走走喔！

紀念品店裡有很多香氛、鳥籠、名畫傘等好東西。

果，當天現採直送，環保減碳，鮮美掛保證，而在烹調過程中，只選用義大利特級橄欖油、法國天然海鹽、有機蛋等健康材料。

品味出眾　紀念品與手作課程皆夯

別忘了起來走動，逛逛主人依法式品味精挑細選的紀念品店，最值得下手的是印有梵谷名畫《星空》、《鳶尾花》、《黃色咖啡屋》圖案的雨傘，傘骨極為強健，而每次一撐開就形成了畫布，另外還有香氛用品、布包織品、魚池紅茶、水果醋、法義香草鹽、張祐宗年年設計不同圖樣的T恤等等。

使用在地菇類，現採現烹最鮮甜多汁。

張祐宗甚至舉辦書法、英文、DIY手作工藝課程以及星夜品酒、烤肉餐會，拉拔千樺花園的附加藝文功能，例如，一整天，全家人投身花園裡，倒也是一種樂活悠遊的度假模式，例如千樺辦理過「小花小草的世界」戶外研習課，對著學員實境講解蕨類植物是不開花的；分辨楓樹與槭樹的方法就是楓樹屬於葉片互生、果實聚合成球形的樣貌，而槭樹是葉片對生、果實帶有一對小翅膀狀的薄膜。

在千樺花園裡，化身彩蝶的精靈是幸福的，翩翩起舞在萬紫千紅之間，即使是雨天，花園依然如同大家閨秀一般，沒有失去她的氣質，髮際滴落著透明如許的清露，楚楚動

食材新鮮，以義大利特級橄欖油、法國天然海鹽調味。

人，我見猶憐，讓人坐在玻璃屋內，抬頭望望飄潑的雨勢，猜想著這適合分手了的情侶撐起傘，相攙扶，走過舖著石板的步道去探問玫瑰是否安否，然後他們擁泣起來，繾綣於紅塵中這絲情緣，再向下一個十年走下去，再化身為「小王子」，小心翼翼地呵護這朵名為「愛情」的、驕傲的、獨一無二的玫瑰花。

1. 花園裡，綠意處處。
2. 張祐宗提起這座花園，滿是欣慰。
3. 路口招牌上寫著「新社第一家」。

INFO

- 千樺花園

地址：台中市新社區協成里協興街 61 號

電話：（04）2582-1141

營業時間：週一至週四，午餐 11：00 ～ 14：30 週五至週日午餐 11：00 ～ 14：30

晚餐 17：00 ～ 21：00，下午茶每日 14：30 ～ 17：00

CH3

好食趣

雲道咖啡

虎姑婆

幸福食刻

明森京咖啡

珈琲院

Haritts台灣1號店

春水堂

the table 森製菓

一瓣 心香

目覺

菇神

森の王子

Belling's Butchery

茶寮 侘助

福音86

田樂

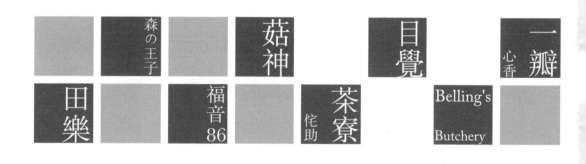

明森京咖啡

年輕人愛店

「京」意謂著日本京都風格，「明森京咖啡」是一家布置著日式坐席的餐飲店，二〇一四年五月開幕後就以日式蔬食朝食、美式煎餅塔、抹茶紅豆冰淇淋受到年輕人歡迎。

走進一樓，主要是吧檯區，二樓才是靠窗的大片榻榻米席，坐不慣的人可以另找有桌椅的角落，看著店招牌寫著「京コーヒー蔬食朝食屋」就感到有日式風味了。

日式飯糰當作朝食。

加熱茶，自己來。

朝食套餐　內容豐富

店方說，「朝食」對日本人而言，是很重要一餐，通常會準備很豐盛的白飯或飯糰，搭配京都醬菜、蕎麥麵等麵食、豆腐，再來一碗味噌湯，吃完以後再出門上班、上學，感覺整天都充滿活力。

在上午的早午餐時段時，店裡供應的朝食套餐包括飯糰、醬菜、麵食、湯、蔬菜、甜點，另外也有京和風豆腐沙拉套餐，份量都不大，男女應該都可吃完，日式涼麵淋上柚子醬，相當爽口，飲品則可從咖啡、煎菜、玄米茶裡三選一，高人氣飲品有檎林鮮果茶，是用蘋果等五種水果加肉桂調味的，香氣怡人又健美。

鬆餅鎈冰　吃得過癮

下午時分，以玉露、抹茶等製作的凍飲、布丁、鎈冰、冰淇淋，小朋友吃得開心，大人也能趁機犒勞一下自己嘴饞的慾望，很難下決定的話，乾脆就點個京百匯鎈冰，抹茶、櫻花、芝麻、焙茶都上了冰面，慢慢品嘗，很有層次感。

形狀像是大銅鑼燒的鬆餅，口味有南瓜、香蕉、楓糖、咖哩起士等，最經典的當然是招牌款，也就是上面堆有紅豆餡、抹茶冰淇淋和手工白糰子的；有季節限定的櫻花鎈冰，上面撒有少許鮮翠的綠茶粉，如果正值春天，不妨試試。

店家強調，焙茶是老少咸宜的，用強火把煎茶烘焙製成，有股特殊風味，茶葉中的單寧在烘焙過程中被破壞了，所以煮出來的茶不復苦澀，口感清爽，由於是大火烘焙的，因此茶葉呈深咖啡色，聞起來有獨特的香氣，咖啡因不高，挺溫和的。

哈日迷臨窗望向外頭的小小綠園道，喝杯日式手沖單品咖啡，不管迎接是一天或半天，元氣都來了。

INFO

・明森京咖啡

地址：台中市西區存中街 170 號

電話：（04）2378-1170

營業時間：平日 09：00 ～ 18：00；

週六及假日 08：00 ～ 18：00；週三公休

早午餐時段 09：00 起至供應完畢止

下午茶時段 14：00 ～ 17 00

1. 京都式的朝食，醬菜少不了。
2. 檎林鮮果茶用蘋果等五種水果加肉桂調味。
3. 年輕人喜愛席地而坐，輕鬆地享受口福。

the Table 森製菓

兩個幼稚園女同學的不幼稚烘焙餐飲夢

在「the Table 森製菓」，真正可以從早餐吃到消夜，而且咖啡、麵包、甜點、冰淇淋、生巧克力、義大利麵全都有，更重要的是現做什麼總具有高水準的美味，它的定位是烘焙、餐館複合店。

能達到這樣的程度，供應饕餮顧客極大的方便，要歸功於多才多藝的創辦人兼主廚蔡湘怡，以及出錢出力支持她理念的合夥人林琪華，兩個了不起的女性，讓the Table成為一年三百多個日子裡每天經營十四小時的美食基地，有趣的是這兩人竟然是幼稚園同學。

巧遇　同窗理念相同攜手創業

戴上貝蕾帽的蔡湘怡看起來雖然有點男孩子氣，脫下帽子後挺秀麗的，靜宜大學觀光系畢業後赴美攻讀餐飲管理碩士，之後曾在飯店工作，二〇〇七年起開始專注於烘焙廚藝，次年又到日本學習巧克力工藝，返國後在南投一家巧

門口布置也儘量帶出童趣。

水果優格加蔓越莓麵包，吃得健康。

克力店任職主廚，由於一到夏天，生意滑落，店東說服她頂店，她乃再去新加坡學做義式冰淇淋，注入店裡的營業內容裡。

然而蔡湘怡實地運作後發現，如果要擁抱熱愛美食的群眾，必須到台中都會，挑戰一級黃金戰區，初來台中時，先在勤美誠品後方開家「Choco mission」，不久竟意外地與幼稚園的同學林琪華重逢了，聊起來才曉得對方東海大學外文系畢業後於金融貿易業界任職，闊別多年，理念倒很一致，於是決定在食安風暴令消費大眾普遍心難安的大環境下，共同創業，二〇一四年五月在中美街現址，開了主廚親自掌廚、正道原料與半開放式廚房都看得見的優質店，目前並已進駐中友百貨設櫃，堅持老麵天然酵母長時間發酵，吃了不脹氣，即使帶回家，一時吃不完，急速冷凍，想吃時再取出，在麵包表面噴水後回烤，照樣能重現酥脆Q柔。

無所不有　想吃什麼都能滿足

兩位女主人為回應顧客們「無所不有」的需求與要求，十項全能型的蔡湘怡把產品推展到包羅萬象，連果醬都自己費工熬煮，甚至還為客戶量身定做客製化的文創糕點或禮盒、喜餅、結婚與彌月蛋糕、派對餐點，舉辦烘焙DIY講

二樓還有可辦活動的空間。

小店招綠意盎然。

座，這下子消費者都眉開眼笑了，the Table1 會配合四季、節慶或文創活動，把握契機，推出文創彩繪或動漫卡通Q版造型的手工餅乾，相當討喜，搭上附近國立美術館草間彌生的「點點藝術展」列車所研發的點點馬卡龍，就每天都賣到缺貨，坊間流行什麼話題、時尚，來到 the Table 觀察文創新品就知道。

這棟外表透著些許日式木房風格的兩層樓庭院建築，窗明几淨，空間寬敞，能享受陽光照射進來的自然光影，每天清晨五點以後，大門雖然還未開，the Table 就迫不及待地悠揚飄出麵糰進烤爐裡的誘惑香氣，準備上桌服務；推進 the Table 一樓門內，會發現堆放在左側地上、剛新鮮進貨的日本高級麵粉，右側的麵包櫃，麵包隨時熱騰騰出爐，二樓可容納更多的座位，並且有桌戶外餐桌，是老外最愛日光浴的角落。

用料實在　從主餐到冰淇淋都不馬虎

手工製作的義式冰淇淋，可讓顧客從透明冰櫃裡任選口味，有些糕點名稱比如「柚遇見你」引人會心一笑；色彩繽紛的馬卡龍向來都很受歡迎，口味眾多，有柚子、百香果、黑醋栗、野生藍莓、蘭姆葡萄、覆盆子玫瑰等等、生巧克力和巧克力糕點也很濃郁，冰淇淋、馬卡龍、巧克力毫無二話地成了人氣最高的三個產品主項。

Top 5 麵包依序是加了核桃而不致太甜的萬丹紅豆麵包、年輕人最愛的紅豆麵包超人、潮族非買的杏仁牛奶卡滋麵包、掩不住豐富玉米甜味的北海道玉米巧巴達麵包、包藏著北海道起司與蔓越莓「餡景」的乳酪球，另外，裝飾藍莓的新鮮芒果塔甜美可人、隱約可看到檸檬皮絲的萊姆塔清香中透著果酸，很值得推薦。

配套式的早午餐有好幾個方案可供選擇，好比有一套是包含了非基因改良豆漿、自家現製的麵包以及德式火腿、蛋、沙拉、季節水果、咖啡或茶，例如南瓜沙拉就很清爽健康；午、晚餐的義大利麵口味包括番茄鮮蝦、野菇蔬菜、白酒墨魚、煙燻鮭魚地瓜、波隆那肉醬、清炒白酒蛤蜊等等，此外還有松阪豬咖哩飯，用料實在滋味佳。

多樣美食　一定有你想吃的

下午茶不妨點一道好吃又消化的水果優格，或是寵愛自己給塊重口味的綿密質感巧克力蛋糕，除了義式咖啡，想再喝杯冰茶？沒問題，冰箱裡也賣來自「茶米店」的香檳烏龍等多款口味冷泡茶。

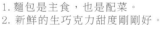

美食多樣化，同時不拒絕十二歲以下的小朋友，還可刷卡，如果 the Table 不能滿足你，恐怕別處的餐桌也難！

2 | 1

1. 麵包是主食，也是配菜。
2. 新鮮的生巧克力甜度剛剛好。

INFO

- the Table 森製菓

地址：台中市西區中美街 14 號
電話：（04）2372-7378
營業時間：週五至週三 07：30 ～ 21：00，週四休

幸福食刻

山櫻花步道旁的幸福片刻

大隱隱於市，提早從電視台黃金年代退休下來的記者蔡曉剛，選擇和妻子汪玉美在鬧中取靜的市區，共同營造一家健康、溫馨的餐飲店，泰式餐點最叫座，鮮榨水果茶、魔術咖啡高人氣，把山櫻花步道點綴得色香味俱全。

招牌雖不大，桃紅色倒很喜氣。

山櫻繽紛　美味餐點飄香

沿著太原路由西往北行進，在中清路之前的條狀山櫻花步道，種的是粉紅色、桃紅色的山櫻花，常見老人在樹下歇坐乘涼、閒話家常，每到午晚餐前後，從「幸福食刻」這家店，總有泰國咖哩、椰奶、辣椒、月桂、檸檬的氣味飄然而出，食物還沒進嘴，心情已經在吃香喝辣，下午時分則輪換上咖啡、柳橙、檸檬、焦糖的香氣，蔡曉剛說，就因為深知妻子廚藝好，跳脫高壓的電視台記者工作後，他心甘情願當起「店小二」，一起經營咖啡、簡餐、茶飲的複合店，以提供美好食物為樂。

魔術咖啡　逗趣演出更添咖啡醇香

雖然店面不很大，卻擁有五星級的美食以及五星級的廁所環境，這使得有品味的消費者黏住了「幸福食刻」，蔡曉剛興致一來，也會和首次登門的顧客玩「魔術咖啡」遊戲，一杯剛沖煮好的黑咖啡端上桌，先別急著喝，頂多只能小小地喝一口，接著，看他可以把不鏽鋼湯匙吸掛在鼻子上，又好像在跟咖啡說悄悄話，等到他一聲令下：「可以喝了！」儘管咖啡豆並非系出名門，竟然溫潤回甘而滋味醇美。說穿了，他強調其實是要選擇新鮮的咖啡豆，其次是在降溫到適溫的時候再喝，才不致過燙，加上心裡期待著要喝它，這就造成啜飲之際的甘美感受了。

1. 泰式菜色是老闆娘的拿手活。
2. 迷迭香雞排絕不輸大飯店、餐廳的品質和美味。
3. 紅咖哩海鮮讓人吃香喝辣。
4. 美國節慶餅乾是小朋友喜歡吃的。

3	2	1
4		

飲品齊備　偶有隱藏版小驚喜

下午茶，有手工沖煮的巴西、曼特寧、曼巴、藍山咖啡，也有義式咖啡，建議搭配三吋大的美國節慶熱餅乾挺對味，有黑糖、巧克力兩款，最讓人喝了精神一振的是現榨新鮮果汁，奇異果、蘋果、檸檬，前兩者可以選擇添加牛奶；當然，要喝紅茶、綠茶也都沒問題，蔡曉剛夫妻堅持使用檸檬原汁和鮮乳，有時還會自製檸檬冬瓜茶招待顧客，算是意外的驚喜。

「把顧客當家人，一起來幸福吧！」在這裡，抓住幸福，一點也不難。

INFO

・幸福食刻

地址：台中市北區太原路一段 496 號

電話：（04）2202-0577

營業時間：每日 11：00 ～ 20：30 ，週日休。

春水堂

三十年屹立不搖的台中美食招牌

一九八四年八月一日，我開始在台中市當記者、跑新聞的時候，就跟著同事到「春水堂」的前身，台中市四維路上的「陽羨茶行」喝泡沫紅綠茶了，解人暑熱，安撫疲乏；白雲蒼狗，物換星移，我們生活中怎能沒有像是老舍筆下的這家「茶館」呢？

春水堂外觀透著古風味。

一杯茶　有著台中人的共同記憶

台中人對於春水堂特別熟悉、有感情，因為它就是文化城的地標、品牌以及共同走過的青春記憶，我私心裡倒是希望中式的茶館茶坊要儘早開得比「星巴克」這種咖啡連鎖店更多，開遍全世界，一壺凍頂烏龍茶就是文人茶精神依托所寄，從唐宋之前，中國人就喝茶了，茶山、茶謠、茶馬古道，工夫茶、冷泡飲、珍珠奶茶，都應該擴張在寰宇的版圖，一杯茶，生津寧神，沉澱雜思，物我兩相忘，良友訴衷腸，茶飲爾雅如君子，即之也溫，永遠不膩倦。

1. 劉漢介因愛茶而開茶館。
2. 春水堂也已發展出「秋山堂」品牌及茶葉禮盒。
3. 朱砂壺，溫潤而永恆。

春水堂創辦人劉漢介說，賣茶，賣的是茶湯，賺的是文化財，是慢錢，以環境做包裝，以服務來取勝，要讓顧客喝到茶湯，在鼻、眼感受以外，視覺、聽覺和心情一共五感都滿足，讓心來感受到幸福，如果難以形容，那就像晚唐詩人李商隱寫的十多首詩，也可以名曰「無題」。

茶飲先驅　大膽創新創造風潮

春水堂顛覆古老的飲茶方法和傳統茶館的經營模式，掀起冷飲茶的新風潮，劉漢介認為，創業三十餘年來，就是要創新，大膽嘗試各種味覺演繹，才能在風雅生活的堅持中追求創造商機，以紅茶、綠茶來添加不同材料，就可做到上百種變化，一杯好喝的茶飲必須夠冰涼、夠滑口、茶湯濃郁、茶糖或奶香氣俱足，入喉後茶韻回甘。

就拿珍珠紅豆鮮奶茶來說，道地濃醇香的鮮奶融合阿薩姆紅茶，加上富有嚼勁的粉圓，搭配上別具香韻的特製紅豆，甜出喜意；鐵觀音凍飲則是選取風味獨特的鐵觀音茶葉，焙火後的香氣濃厚，以小壺泡沖茶，萃出茶湯，再瞬間以極速低溫調泡，鎖住茶香和醇美滋味，格外韻味十足。

好茶不會過時，好的茶館也不會兩、三下就被咖啡店取代，茶有它的底韻，在歲月的不停沖刷和快速流轉中，依然展現屬於它的珠玉光華。

1
2

1. 玫瑰花瓣鮮奶茶是可喝可吃的。
2. 珍珠奶茶和冰茶是年輕人的最愛。

INFO

- 春水堂總店

地址：台中市西屯區朝馬三街 12 號
電話：（04）2254-9779
營業時間：每日 08：30 ～ 23：00

虎姑婆

感念異國的一份分享情懷

誰會把店名取為「虎姑婆」呢？還真的有！果然讓人印象很深刻，但這背後，其實蘊含著一個隱藏版的溫馨故事。

退休人生　與大姊攜手實踐烘焙夢

店主人吳約西二〇一二年底從經濟部水利署副署長的高位退休下來後，儘管很多誘人的機會擺在眼前，但他卻勇於說：「不。」坦然面對人生第二春要從新出發的歷程，幾經思考，決定投入完全陌生的、與水利業務相差十萬八千里的烘焙業，因為大姊曾素華熱愛烘焙，老想著實踐夢想，開一家在社區當中的小店，所以吳約西珍惜家人在一起的時光，跟著大姊走進廚房學起烘焙。

位於中興大學附近隱密巷子裡的店面，卻不是一家「小店」，吳約西的哥哥五年前把原本的幼稚園買了下來，如今保留了原先兒童遊戲空間的部分，其他地方則改造為一進門的烘焙展售區及內外兩大區的餐飲空間，吳約西甚至

黑板上的圖畫也是自己動手畫的。

把多年來所拍的歐洲風景照掛上牆，與大家分享。

虎姑婆店名　紀念 Lady Tiger 的異國情誼

在寬敞的餐廳裡，牆上懸掛一幅人像照片引人注目，一位金髮碧眼的中年女士就站在自己名為「Lady Tiger」的烘焙坊前面，留下了影像，吳約西解釋，當家人一起在歐洲匈牙利首都布達佩斯旅遊時，剛吃飽飯，沿街散步，看到這家店，感覺店名很特別，女主人 Lady Tiger 不但親切地招待他們入內參觀，甚而不介意他們沒買東西，主動拿一個如同盤子一般大的麵包請他們品嘗，當他們離開那家店愈來愈久、愈來愈遠，愈是感到熱淚盈眶：「她人那麼好，我們當時竟然沒有買些麵包上路！」為了紀念這段短暫的異國情誼，同時提醒自己要善待顧客，年前開店時就毫不

1. 偌大的空間，讓人沒壓迫感。
2. 希臘愛奧尼亞柱子傳遞古典美感。

1
2

1. 糕點餅乾一出爐就上架。
2、3、4. 店裡處處擺著可愛的小玩偶。

1
4 3 2

避諱地把店名取為中文的「虎姑婆」了。

信仰的堅持　務必真材實料不亂來

吳約西長期以來也擔任基督教會的長老，律己甚嚴的他，要求自己一開始不求糕點麵包要多麼美味可口香噴噴，但務必要真材實料、吃出安全和健康，並且要在店裡展現一份基督徒的愛心、Lady Tiger 的善意。

在創業前，吳約西姊弟摸索著麵包烘焙技術時，打定主意要買到新鮮的酵母，但因品質參差不齊，導致做出來的吐司個頭不高，總是矮了一截，為能確保品質，剛開業卻決定停賣吐司類產品三個月，等到全然改善之後再賣，因為創業原則就是訴求產品安全可靠，不添加化學原料、香精，不含乳化劑及防腐劑，自己克服難度，用愛的堅持來做到品質讓人放心，吃得安心，「虎姑婆」的麵包產品口感扎實，毫不華麗，沒有蓬鬆度、濃香氣，比較接近歐式雜糧類的麵包，也許吃慣了台式鬆軟、人工酥油、油炸麵包的顧客會吃不慣，但總可以在繁多的烘焙產品裡找到自己的最愛。

早午餐　德義風味絕佳

為了讓顧客在上午十點開店時刻可以吃早午餐，吳約西姊弟必須要七點就出門，準備烘焙，搭配拿鐵、卡布奇諾咖啡等等飲品的烘焙產品一字排開，除了看小卡片點選，也可以對於入口大黑板上吳約西自己畫的產品介紹指指點點。

除了多種口味的手工餅乾，剛出爐的法式起士及瓦伊森、全麥傻瓜蔓越莓、全麥傻瓜核桃麵包，吐司有鮮奶吐司、鮮奶紅豆吐司、鮮奶葡萄乾吐司，黑糖吐司則贏得「人氣王」稱譽，磅蛋糕有檸檬或柳橙口味的多種，表面以檸檬蛋白糖霜擠出S形的花紋，份量夠一家子吃的。

吳約西說，德式瓦伊森是德國、義大利人最普遍的早餐內容，非常優質，除了少數的鹽、糖以外，就是價位較高的法國麵粉了，買回去沒立刻吃完的話，最適合在中火約150℃之下回烤約三分鐘，就又恢復成外層酥脆、內層柔軟的健康麵包，可以塗抹果醬、蒜香奶油，風味更佳。

尚青食材　新鮮美味無須多言

店裡的「辮子黑糖吐司」，選用來自新竹寶山最上等的黑糖粉，高級、稀少，吳約西姊弟卻捨得用，吐司的製作過程就像在編辮子那般，可說是一種藝術，讓人看了讚嘆，吃了滿意。

一片焦糖蘋果手工餅乾，真正是從紐西蘭脆玉青蘋果做出來的，清洗、削皮、切片後再加麵粉等材料烘烤，香氣天然，口感甘甜，多吃幾片也沒有心理負擔。

吳約西姊弟倆自種有機檸檬等蔬果，運用到食材裡，接近中午之際就能點選午間套餐，選項有咖哩豬肉飯、青醬或奶油醬汁或茄汁的菇類義大利麵、新鮮蛤蜊好大顆的青醬蛤蜊義大利麵等等，搭配咖啡等飲料只賣一百二十元，相當親民。

吳約西的父親曾是紡織工廠的機械工程師，從小就期勉他：「對小事情，要盡忠職守；等到大的事情輪到你時，怎有困難可言？」這一句話正是他創業的最大精神支柱，民以食為天，以烘焙餐食來服務人，是他新生的大業。

1. 磅蛋糕擠上檸檬蛋白霜。
2. 磅蛋糕是主力產品。

2 | 1

INFO

- 虎姑婆

地址：台中市南區國光路387-6號

電話：（04）2285-6116

營業時間：週二至週六10：00～21：00，15：00～17：00休息，週日、週一公休

haritts 台灣1號店

東京人熱愛的甜甜圈在台灣

haritts，店名是很低調的英文小寫，店也開在草悟道旁小巷舊屋的一樓，招牌毫不明顯，要專程去的人才會刻意找到，如果想著「可能會路過嗎？」可就沒門，難！

這就是門口，小木牌寫著「OPEN」。

來自日本　東京名物美味甜甜圈

不過，要真是人到了haritts門口，倒是大致可確定就這家沒錯了，門口總有兩、三個人在等著或正走進去、要離開，更重要的是甜甜圈麵糰混合白糖的香味，讓空氣品質也升級了，讓人不由得深呼吸了幾口。

這就是來自日本東京、大名鼎鼎的haritts，二〇〇四年九月從流動式的咖啡餐車起家，一年半以後擁有了店面；由於它來台考察後，決定把台灣一號店設在台中文青聚集地的草悟道商圈，因而讓台中人特別感動，也提前享受了口福。

限量購買　每日手工的情意無限

haritts門口就貼著告示，黑紙白字地寫著，因為用心地以手工製作每個甜甜圈，所以每日販售的數量不多，並建議當天食用完畢，每位消費者限購五個，假日人多時改為限定每人只可買三個，而且七歲以下兒童不能算「人」啦！排隊無效。

據店員表示，最受歡迎的是原味、奶油起士兩款甜甜圈，原味的確實滋味樸實、自然、芬芳，奶油起士甜甜圈的表面撒了些淡白糖霜，口感柔滑，而褐色的香蕉巧克力甜甜圈果然比較甜，巧克力的味道濃，褐色的肉桂葡萄乾甜甜圈表面有著乾果凸粒，肉桂味淡淡的，融合著蘭姆葡萄乾，風味迷人，其他款項還有南瓜、伯爵茶、胡麻紅豆、抹茶紅豆等，可惜全都是甜味的，不像在日本可以嘗到鹹味的咖哩、醬油、蔬菜、鹹奶油等口味的甜甜圈。

點杯飲料　入座好好品嘗

要點什麼，就看櫃檯後頭牆上的 MENU，或看玻璃櫃裡還有什麼口味的產品，有點飲料的人才能坐在裡面座位上，儘管水泥地粗糙、天花板管線外露，並不是令人會感到很舒服的環境，不過時下標榜文青味的某些人特別喜好這種老屋不怎麼裝潢的格調，隨遇而安，倒也自在，既來到日系店家，美食工夫是否道地，必點抹茶拿鐵喝喝看，此外，我也點了洛神花茶、桂花茶、手工蘇打，抹茶拿鐵加甜甜圈，真是絕配。

1. 除了甜甜圈，也賣幾款餅乾。
2. 一隅的仙人掌植物透著小趣味。
3. 奶油起士甜甜圈口感柔滑。
4. 洛神花茶酸甜止渴。
5. 抹茶拿鐵也有奶油拉花。

INFO

・haritts 台灣 1 號店
地址：台中市西區中興街 128 巷 6 號 1 樓
電話：（04）2301-2469
營業時間：週二至週日 10：00 ～ 19：00，週一休

雲道咖啡大量使用木材建材。

雲道咖啡

喝杯咖啡，創造大地綠循環

樹的年輪，每一圈都形之不易，都是生命的綠循環；如果喝一杯來自森林的咖啡，可以支持百年種樹、千年綠循環，你對大自然的愛，就像熱咖啡漾開的圈紋，也正蒸蒸上騰。

賴桑　為地球留一片森林

這杯咖啡，充滿森林裡芬多精的氣息，牛樟、五葉松、桂花，複雜而甘美；這杯咖啡也支持店家「雲道」把盈餘再獻到大雪山上，替你種樹，如果你願意認可這個信諾，一杯咖啡就不再僅僅只是一杯咖啡，而是一顆帶有善念的種子。

故事要從雲道主人賴建忠的父親「賴桑」賴倍元說起。賴建忠述說，台中東勢是進入大雪山的入口，也是日據時代的木柴集散地，過去數十年被砍了不少珍貴樹種，經營貨運行的父親賴桑（日語「賴先生」之意，周邊親友都這麼稱呼賴倍元）深有感受，發下豪願：「在我有生之年，要種五十萬棵國寶級的樹木還給這片森林。」

三十一歲起，賴桑不停地買地、擴充種植面積、種樹，從幾粒橡樹果實開始，前三年就把十萬顆橡實深深埋進泥土裡，堅持要為地球留住一片大雪山的森林，他幾乎是住在大雪山上的，把孩子和家都交給妻子，他的生活投入於專心種樹，因為如此，妻小都很難諒解，賴建忠形容印象裡的父親：「我都只是看見他戴牛仔帽、穿著補釘衫褲的背影，難得回家，卻都一次次迅速地從我眼前離去，傾盡家產，手上一有了錢，沒別的，就是趕緊再回山上種樹去。」

父子攜手　定下千年之約

這樣的父子關係註定是疏離的，但並不註定這疏離是永久的，近十多年來，賴桑吸引了有共同理念的企業例如台明將玻璃總經理林肇睢等人的共襄盛舉，成年後的賴建忠心思成熟了，和弟弟賴建宏在退伍後，開始站在另一個角度來重新審視年逾半百、冒出白髮的父親所為何事，轉而諒解了父親的苦心，甚至寫信給當時的市長胡志強，希望他能鼓勵父親種樹的行為，繼胡市長探訪父親後，總統馬英九也前來嘉勉賴桑，報章雜誌紛紛報導他種樹護森林的「千年之約」，賴桑早早就立下遺願「不砍伐、不買賣、不留子」，要把大雪山上百種數十萬株的造林予以信託法人化，

孫運璿在交通部長任內推動、規劃十大建設造福百姓，身後卻是兩袖清風，毫無財產留給家人，孫運璿是賴桑的模範，他也要倣效這個器度，把種樹當作人生的使命。

1. 連咖啡杯的木頭把手都是別致的手工藝品。
2. 櫃檯上的 Syphon 沖煮咖啡香，隨著蒸汽而上騰。

2 | 1

咖啡王子　重現十九世紀咖啡榮光

賴建忠二〇〇一年緊跟著在牛樟、紅檜、五葉松、土肉桂樹的濃蔭底下種起阿拉比卡咖啡樹，比照父親不施化肥、不灑農藥的原則，一心恢復十九世紀荷蘭、日本據台時期，本土咖啡盛極一時的榮光，如今，在大雪山上依自然農法栽培的咖啡樹已達到五萬多棵，年產四十噸咖啡豆，讓「台灣樹王」賴桑之子賴建忠成了不折不扣的咖啡王子。

他早作準備，先到別的咖啡館工作，奠定扎實的烘焙、沖泡基礎和學習知識，考取SCAA（Specialty Coffee Association of America）的國際烘焙師證照，二〇〇五年先經營網路咖啡平台，自己存夠了錢才於二〇一二年在大墩路正式開店，二〇一五年在豐原開第二家店，讓大家都能喝得到堪稱國寶級的肖楠咖啡。

他笑著說，猶記得剛開始採收咖啡豆時，七個人花了半天，竟然只採收到一公斤的紅熟咖啡豆，很辛苦，卻也彌足珍貴，因為這些都是產自於自然農法環境下的高海拔土地，絕對環保、健康，而接下來還要水洗、乾燥、脫殼、烘焙工序，才蛻變為我們所說的「咖啡色」豆子，聞著那似有若無的茉莉香或牛樟香、桂花香、肉桂香，未飲已先醉。

雲道咖啡石牆式的外觀，很古樸。

本土咖啡　有土地的美好滋味

雲道咖啡店目前已推出牛樟咖啡、肖楠咖啡、雪松咖啡、檜木咖啡、土肉桂咖啡、櫻花咖啡，款款都是只此一家、別無分號的特色咖啡豆，除了單品咖啡，還可做成義式咖啡，例如冰拿鐵表面還很加值地撒了些桂花，滋味更美，如果不喝咖啡，則可享受格外清香甘甜的土肉桂葉茶、五葉松茶，品嘗這份醇厚的氣韻，深深呼吸一口氣，真有如置身大雪山巔。

賴建忠強調雲道咖啡採取的是北歐烘焙法，也就是視咖啡豆子原始生長的環境、氣候、氛圍，予以烈火淺焙，更能保留它土地產區的習氣風味，輕焙香甘，口感圓融不尖酸，入嘴的第一口雖然帶酸，瞬間卻轉為清香的果肉滋韻，幾乎是大家都能接受的適度風味，少部分咖啡豆才採深烘焙法，以轉化為濃烈的酸香風味，給咖啡癮頭更重的饕客。

搭配精品咖啡、茶飲的糕點也有講究，賴建忠仿賴桑牛仔帽形狀開模，製作土肉桂餅乾，脆硬中含著香郁，連糕點

1. 賴建忠沖煮咖啡，很開懷。
2. 也賣掛耳式易沖咖啡包。
3. 小綠意盆栽提醒著植樹的呼召。

1. 綠森林蛋糕是自家研發的。
2. 手工餅乾用料實在。
3. 賴桑工作帽形狀的土肉桂餅乾，口感硬脆。
4. 咖啡散發出森林芬多精的香醇。
5. Q 版的愛心形鬆餅。

3	2	1
4		
5		

都取名「綠森林」，不使用雞蛋，所以是「無蛋的蛋糕」；還有相當可愛的愛心形鬆餅，烤出香噴噴的桂花味，擠上鮮奶油，小朋友立刻蜂湧而來，搭牛奶也適合。

蔬食　一樣美味更減碳

雲道咖啡的午晚餐堅持不賣葷食，為了推廣，讓顧客能明白蔬食也能做出美味可口的餐食，凡點咖啡者可享有點餐八五折的優惠，豐原店在早午餐、下午茶時段也可儘量配合供應蔬菜咖哩飯、九層塔珍菇飯、紅白醬焗烤飯、起士紅白醬義大利麵，雲道鼓勵顧客早上於特定時段內向雲道報到喝咖啡，只要再付十元，就能讓店家「請吃」一份物超所值的早餐，內容包括香蒜麵包、有機沙拉等，豐原店的時段是八點三十分至十點三十分，大墩店則是九點至十

點三十分之間。天下沒有白吃的早餐，理所當然，但為何不把咖啡定價多十元而附送早餐，卻要另付十元呢？賴建忠解釋，這份早餐的成本絕不只十元，由於不是每個人都會要吃早餐的，所以付十元能讓顧客有珍惜之感。

父親的背影　傳承的植樹使命

因緣際會租下挑高型的老房子，在坪數廣大達一百五十坪的雲道咖啡豐原店，更能看出賴建忠對父親的崇拜以及對咖啡飲食的用心，他拍下賴桑掄背起鋤頭的側影，這個手繪影像就成了雲道咖啡的Logo，那曾經讓他感覺很陌生的「父親」，已然是他的精神導師；又例如沙發椅布，是顏色深淺不同的牛仔布拼製，象徵賴桑經年累月穿著補釘的衣服上山種樹；玻璃牆面上的大圓圖案是年輪，樹幹的橫截面上呈現的年輪，其實是明暗相間的同心圖案，隱藏著自然界千變萬化的大量信息和豐富的地理知識，值得敬畏；到處可見的小小綠意盆栽提示著植樹的呼召。

面對著整片牆面所陳列的傳記書「賴桑的千年之約」以及牆面上賴桑種樹的紀錄照片，賴建忠開心地笑說：「你喝咖啡，我種樹。」一把咖啡店的收益再用於支持父親種樹，但願樹種到哪裡，店開到哪裡，他亦步亦趨在父親的足跡之後，為後代子孫留下森林大軍的無限資產。

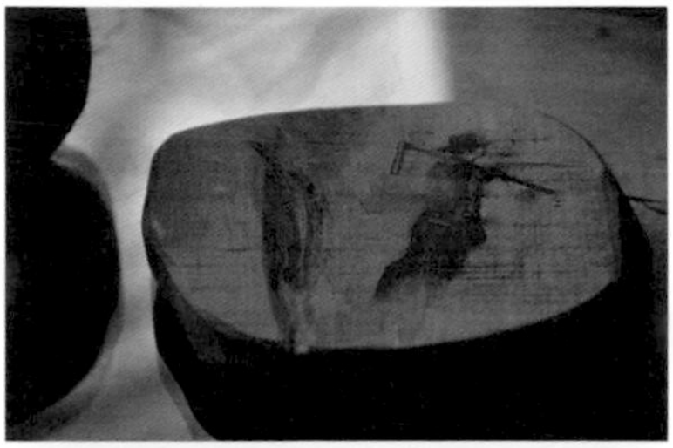

1. 石塊當杯墊，充分融入生活中，
2. 樹木意象無所不在。

1
—
2

特色亮點

採用北歐烘焙法搭配上本土咖啡豆，雲道咖啡有絕對能讓咖啡癡滿意的咖啡。

INFO

‧ 雲道咖啡森門市
地址：台中市西屯區大墩十九街 101 號
電話：（04）2320-5101
營業時間：每日 08：00 ～ 22：00

‧ 雲道咖啡末廣門市
地址：台中市豐原區豐陽路 87 號
電話：（04）2525-1855
營業時間：每日 08：00 ～ 22：00

珈琲院

人情暖更襯咖啡香

人稱「湯連長」的「珈琲院」主人湯勝傑推開大門，指著室內的三張桌子調侃著：「你看我這麼經營，就不是一家會賺錢的店。」店名的「珈琲」兩字讀音為「加倍」，單價二百五十元以上的咖啡還能獲得再續一杯，但坐在最佳位置靠窗沙發椅上的那組客人已經從午餐時間待到晚餐時間了，不賺錢，那賺什麼呢？「朋友！」

湯連長　迷上咖啡更以咖啡為生

湯勝傑在台中后里砲兵營三年半，升連長後即從軍旅生涯退役，因熱愛吉他，正尋思著找一份音樂界的幕後工作，由於身邊有好幾位開咖啡館的朋友，他也迷上了咖啡，二○○○年就和友人合開咖啡烘焙廠，他在存中街這一帶原本是美軍宿舍的老屋區，找到了一棟兩層樓的透天庭院老房子，於是租下來擺進重達十五公斤的烘焙機，當成批發、零售場所，讓等待的客戶有個地方坐下試喝，同時也提供

曾是美軍宿舍的老房子，變成了珈琲院。

諮詢，沒想到大家都捨不得離開這溫暖的處所，連左鄰右舍也聞香而來，拱著他賣咖啡，二〇〇三年，他頂下烘焙廠，全線自己做，朋友送他六支浸過柴油的廢棄台鐵枕木當賀禮，這種懷舊味的文創家具可是其他地方看不到的。

湯顧問　關於咖啡有問有答

就因為有這樣的專業背景，了解咖啡的特性，加上湯勝傑原本敦厚親切的個性使然，不論咖啡新手、熟手都能在這裡和「湯顧問」高談闊論，或接受誠懇的說明與解疑，例如如何使用各種方式煮出一杯適配自己身心的咖啡，如此現成的咖啡達人當啟蒙師，難怪愛喝咖啡的人一坐下就黏住了，為此，這裡有時候也安排咖啡課程，開班授徒，幫咖啡癮頭重的顧客量身定做酸甘香度、焙火度都適合的咖啡。

老舊木門上掛著些圖片，看起來就很文青。

小店大百匯，店裡當然少不了咖啡豆、咖啡器具，連法國殖民時期的越南咖啡滴壺、直接放在火上煮咖啡粉的土耳其壺都有，甚至MENU都是自個兒用咖啡豆麻布袋製作的，此外還有他善心幫朋友寄賣的手工藝品，其中，蝶古巴特（Découpage）是裁剪紙張後，再裱貼製成，十七世紀時一度是歐洲貴族常見的居家拼貼飾品。

靠牆有兩支民謠吉他，是湯勝傑的寶貝，興之所至，也會彈唱高歌一曲《曠野寄情》，人生悲歡離合的故事伴著絃音撥動，汩汩交流，聽聽別人的生命經歷，他覺得不失為「收藏品」。即使到了夜裡，店裡只有一位客人，他也不趕人，不需要陪客人聊天時，他總有烘豆整理等等事情好做，大家隨緣，自得其樂，他和妻子守著這家店，甘於平凡中的幸福，所以把每位進門的顧客都當作朋友接待。

靠窗這組沙發椅是咖啡客的寶座。

下午茶　咖啡醇厚茶點天然

在「珈琲院」能喝到的咖啡品質是很有一致水準的，好比台灣本土咖啡就呈現清新的果香，沒有焙火之氣，最能顯現他技術的是慢速烘焙搭配 Siphon 壺虹吸式煮法，在咖啡的醇厚滋味中還保留著一絲溫和果酸，相當雋永。

整個下午都是下午茶時間，可以單點波多黎各或北葉門、坦尚尼亞丸形豆、牙買加藍山、台灣特產咖啡，可續一杯，百元的精選曼巴、哥倫比亞、蘇門答臘曼特寧、希拉朵巴西、衣索匹亞摩卡、冰咖啡等，續杯只要半價，甚至還有五十元的黑咖啡，馥郁回甘，堪稱物美價廉。

義式拿鐵、卡布奇諾和紅茶拿鐵、可可粉都在選項之列，除了咖啡，店裡還供應玫瑰、薰衣草等花草茶以及木槿花果茶、英國伯爵紅茶，也有代售「茶米店」穀雨、不知春等高級茶葉，嘴刁的客人可一次購足。

鬆餅、手工餅乾茶點和沙拉是自己做的，法式甜麵包則是曾旅居法國多年的朋友出力的，自養天然葡萄酵母再發酵做成手工麵包，在樸實的麵團香氣中散發出鬆軟的甘甜味。

話家常　真正讓人平靜的咖啡屋

二〇〇九年被台中市政府選入「咖啡地圖」店家，「珈琲院」牆上因而擺上了緯來戲劇台活動代言人房思瑜所送的韓劇《咖啡王子1號店》公仔，而觀光局舉辦藝人「小豬」朱志祥「亞洲歌迷在台灣」的活動，粉絲也紛紛到「珈琲院」來蓋章作紀念，到現在，仍然有專程到「珈琲院」喝杯咖啡的台北客，直說：「能放輕鬆享受這麼悠閒的時光，真是太好了！」

「ㄟ，說個笑話給妳聽，新加坡人用英文問道：為什麼英國人講的英語那麼破？」……「好好休息吧！累了可以躺在沙發椅上，就把這裡當成自己家。」

聽完一見如故的湯連長這麼說，突然之間，我喧擾的心情被熨貼得平靜下來，不趕場了，慢時光，好生活，我一定要至少喝四杯咖啡再走。

特色亮點

雖然說這麼棒的咖啡可以半價續杯，讓人忍不住貪杯起來，但是，貪的這一杯，換來的卻是主人把自己當朋友，讓人真正放鬆的爽快。

1. 很多客人因為喜歡湯勝傑而變成老顧客。
2. 坐這桌，就陷在各式咖啡壺具氛圍裡了。
3. 除了黑咖啡，也可以喝到義式咖啡。

INFO

・ 珈琲院

地址：台中市西區存中街 165 號

電話：（04）2376-1273

營業時間：週三、四 12：00 ～ 18：00，週五至週日 12：00 ～ 22：00，週一、週二休

一瓣心香

陶藝家開的職人精品咖啡店

當陶藝家廖子賢二〇〇八年返鄉創立「一瓣心香」，大甲區終於有了精品咖啡專門店，茶飲、點心、陶藝教室也融合於一，是咖啡迷的天堂，也是鄉親的樂園。

廖子賢沖煮咖啡，會順便跟客人聊聊咖啡特性。

是陶藝家　也是精品咖啡店主人

廖子賢在此之前擔任鶯歌陶瓷博物館講師，不論是鑽研南管洞簫古韻或茶道美學、咖啡技藝，都抱著業精於勤的態度，故而學有所成，店裡最佳的布置品就是他的陶藝作品了。

咖啡迷把一瓣心香列為必訪的職人店，例如「甘淬同好分享會」的五十名會員們就常來品飲廖子賢親自選豆、烘焙、沖煮的新鮮健康咖啡，還向好修養、好脾氣的店主人頻頻討教專業知識，都能獲得滿意的解答。

主人現沖　咖啡香氣逼人

主人現沖巴拿馬翡翠莊園的水洗豆，啜飲時才剛覺鮮香檸檬、柑橘氣息飄逸遠去，散發著豐富層次感的醉人花果香瞬即接踵而至，我好像站在表參道的街頭，望著藝伎花魁頷首擦肩而過；瓜地馬拉茵赫特莊園日曬豆卻又是另一道謎語，瞇起眼來想像金陽燦燦下，虔敬的子民飄洋過海、跋涉千萬里終至來到上帝應許的「流奶與蜜」迦南地，碩大的蘋果、葡萄柚就在眼前，怎能不滌盡塵累，歡欣鼓舞？

喜馬拉雅高山上的麝香葡萄味大吉嶺紅茶，異香襲人；產自印度大吉嶺卡斯爾頓莊園的夜光白玉茶，茶芽細嫩，清冽無比，被譽為紅茶中的香檳，如果幸運碰上了，得把握機會喝。

美味午茶　老闆娘親手製作

下午茶時間，點心放心吃，都是廖太太親手製作的，採買台東無毒鳳梨，自行以古法熬煮出天然糯米麥芽糖液，這樣製作成的土鳳梨果醬、土鳳梨酥純淨且美味，有著土鳳梨毫無矯飾的酸甜；杏仁雪球的滋味先是表面的細粉糖霜，然後是略鹹的法國奶油伴隨脆爽杏仁顆粒入嘴，光吃一、兩球肯定不滿足；芝麻葉麵包採用當地農友種的極品芝麻葉，香氣獨特微妙，別處吃不到；此外還有焦糖蘋果、蘋果肉桂、辮子乳酪、焦糖烤布蕾、水果乳酪等點心以及鮮磨杏仁茶、天然醋飲，連廖子賢自家製作當早餐的全麥堅果吐司、裸麥紅爵茶吐司、黑橄欖麵包都應顧客要求，也列入了MENU，週四、週五出爐，而夏天時還有限定100%土鳳梨汁，都很搶手。

細細品味一杯溫煦情味，飲茶養志，咖啡舒心，在這裡都開出瓣瓣馨香。

1. 主人的陶瓷藝品是最佳的布置品。
2. 芝麻葉麵包是獨家健康產品。
3. 鮮磨杏仁茶真材實料，氣韻天成。

INFO

- 一瓣心香

地址：台中市大甲區文武路 119 號
電話：（04）2686-1218
營業時間：週一至週四 13：00 ～ 22：00
週五至週日 10：00 ～ 22：00，週二休

Belling's Butchery
自製自售火腿、香腸，聯合國肉品飄香

店名是「Belling's Butchery」，但大家都只稱它Belling's，店主人Kris Belling從小就在澳洲農場出生長大的，在家鄉曾經當過八年的肉販，來台一住十多年迄今，感嘆於坊間的火腿、香腸都不如自己的優質手藝產品，乾脆動手自製，滿足口腹之慾。

老外家鄉手藝　台灣小店根基

六、七年前，Kris發現愈來愈多到他住處的朋友不但喜歡吃他手工製作的肉品，會直接從他的冰箱拿肉片，甚至還開口要買，這就開啟了他投入台灣肉品市場開店的新夢想，如果能夠樹立一個標竿，有帶動作用，未嘗不是一件好事，然而為了節省房租，他只能開在太原路上一整排傳統店面之間，一不留神就錯過了，門口也只可擺張長桌椅，我常常想，要是能有個露天小花園，店頭生意鐵定會好得難以想像！

布置簡單，紅磚牆的櫃台有古早味。

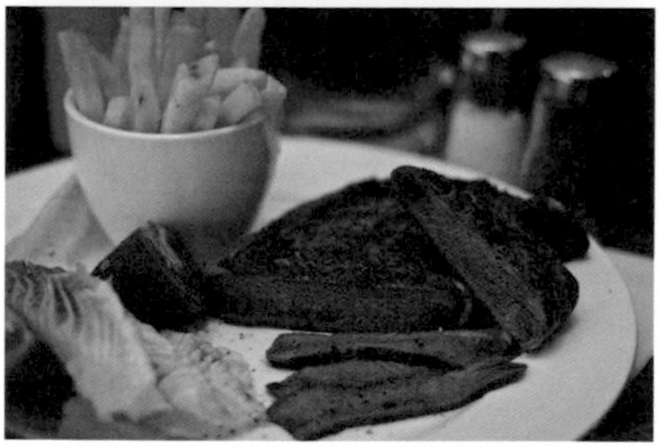

1. 要買店主人自製的火腿、香腸？開口說就成。
2. 自製培根、火腿，真材實料看得見。
3. 店主人也自製牛排，切片再烤。

Kris不但自己製作肉品，還負責送貨，整天忙得不可開交，下單的客人中有不少是台中一帶的餐廳，他為此提供約四十種產品，他說：「幾乎各種動物的肉都可以做成食物，只要客人要求，我都能為他們特別製作。」量身定做，成了一種挑戰，沒實力，是挑不起來的，賣得最好的是波蘭Cabanossi香辣豬肉香腸、煙燻豬肚肉做成的義大利Pancetta培根，他非常自豪所製所售都是真正的完整火腿和牛豬肉塊，大塊吃肉、大口喝酒，超放心的。

用料扎實　滋味一試難忘

Cabanossi是採牛肉、豬肉各半比例，煙燻熟成的，在其他地方吃不到，辣得恰到好處，連我這種一提起漢堡就興致缺缺的人，也老惦記著它；Pancetta 是義大利一種類似培根的肉類，主要是以豬腹肉加肉荳蔻、茴香、大蒜、胡椒調味，用海鹽塗抹醃漬後風乾，捲成扎實的圓柱型，熟成時間要三個月，帶有鹹味和香料植物的香辛氣息，滋味濃鬱，要吃時直接切薄片或搭配番茄片、乳酪片夾進麵包裡吃，不必再加熱。

熱愛美食的老美友人、康百視雜誌總編輯 Douglas Habecker 在它開店不久，就向我推薦值得去嘗嘗，從此，我和孩子如果要吃漢堡，Belling's 成了首選，主要原因就是他只賣真正的火腿，不是市面上很多餐飲店所賣的「拼裝肉」，香腸、煙燻食品等等，全都自己製作，絕不可能有重組牛肉的狀況發生，食材新鮮，食品道地，風味純正，我可以吃得很安心。

漢堡類包括 Cabanossi 堡、西班牙風味豬肉堡、西西里豬肉堡、起司漢堡、培根蛋漢堡、火雞漢堡。

各式肉腸　用嘴環遊世界

香腸類之中的法國玫瑰古城 Toulouse 豬肉腸加入奧勒岡葉、白酒、大蒜，號稱是完美的貴族香腸，也幾乎很難在台灣吃得到；法式 Merguez 豬肉腸調味較重，由店家自製辣粉加進茴香、蒔蘿、大蒜，重口味者愛得不能釋手；西班牙 Chorizo 豬肉腸含有大量紅椒粉與辛香椒，氣味清香；德式 Bratwurst 豬肉腸雖然調味雲淡風輕很美味；義大利 Sicilian 西西里島式豬肉腸包裹住茴香、大蒜、白酒和少許辣椒粉，的確是吃香嚼辣味。

版圖移到英美，Lincolnshire 林肯郡豬肉腸融入鼠尾草、百里香、薑在裡面，是香氣十足的英式香腸，最適合在早餐時搭配肉汁醬料共食；Cumberland 英式香腸相形之下就顯得清淡似風；美式的 Andouille 煙燻熟成豬肉腸則不必再烹調就能食用；牛肉類香腸包含了澳式牛肉腸，也屬輕口味，適宜搭配蜂蜜芥末醬食用，南非牛肉腸因有丁香、芫荽香菜，口味濃郁，是烤肉時的理想優選，包進法國麵包裡吃，津津有味。

現點現做　美味值得等待

那接下來就得介紹好料、麵包組合成的三明治了，法國火腿軟式棍子麵包夾的是手工煙燻火腿和起司、蘿蔓生菜、牛番茄片，也可把主料替換為煙燻鮭魚；切半圓形的新鮮手工帕尼尼麵包可以夾火腿主料，也可以夾煙燻培根蛋、煙燻鮭魚、火雞肉、烤牛肉。現點現做，如果趕時間或想

1. 火腿漢堡全部自己從製料就動手做，吃得安心。
2. 洋文二手書，歡迎來交換著閱讀。

外帶，建議提前預定為妙。

此外還有希臘沙拉、法蘭克福熱狗、洋溢奶香味的優質紐西蘭肋眼牛排佐薯條，可供點選，當然，店裡也賣現成的啤酒等多種飲料，有一款英國的 Anger cider，別處可能喝不到，甜的、不甜的兩種西打中，以甜味的更受歡迎。

店雖不大，卻吸引中外很多樂團吉他手及主唱、繪畫雕塑藝術家小酌歡聚，看著電視螢幕上的運動轉播節目吃美食，大快朵頤；很特別的是一進門右邊這一櫃，是洋文二手書交換區，歡迎大家來閱讀《哈利．波特》等等原文書，服務生說國台語都能溝通，不必害羞，先看過 FB 上的菜單，就來撥打電話吧！

特色亮點

Kris Belling 自己製作，自己送貨，不只美味，用料扎實，在食安問題不斷爆發的現在，可以安心地大口吃肉，你還等什麼 ?!

INFO

• Belling's Butchery

地址：台中市西區太原路 1 段 81 號

電話：（04）2314-9770

營業時間：11：30 ～ 23：00

目覺
日式店名、跨國食物風，正流行

「目覺」三店是家受歡迎的早午餐店，位在路小巷窄的精明商圈住宅區段，巷弄之中很多這樣的店，一個小小庭園就彌足珍貴，透天屋前種上一棵樹或一排竹，有人說，那就是台中庭園咖啡店的特色。

1. 庭園營造出日系風格。
2. 也可以坐在櫃檯前。
3. 第三店有兩層樓。

混搭美感　日式店名和素顏老屋的交織

在庭院前，看到牆上掛的是非常日式的名稱牌「mezamashikohi」，不必詫異走錯家了，地址對了，就進去沒錯，店家要營造的正是這種混搭的風格，而且時下流行不舖磚毯的地板，素顏素牆地展現在顧客面前，要習慣老房子不過度裝飾的理念，因為屋主都是這麼要求的，否則租金可能更貴。

到櫃檯點餐、結帳、為自己倒水，全都ＤＩＹ，為了維護店內的用餐環境品質，避免噪音過大，不接待十二歲以下的小朋友，顧客可以坐長方形座位區，也可以坐在開放式廚房的高腳凳椅上，二樓戶外也還有長板凳座位區。

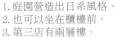

早午餐　日式朝食為基底的跨國風

早午餐標榜日式「朝食」，其實應該是跨國風，例如天然酵母麵包可有奧勒岡亞麻仁軟式法國麵包、鄉村葡萄麵包等，口感香鬆，還有塗上奶酥的厚片吐司、新鮮就好喝的葡萄汁，豆腐盤佐芥末油醋醬則很能提振食慾，搭配野菜沙拉佐義大利油醋汁，感覺比較清爽；此外，也可以選煙燻雞肉法國麵包、烘烤明太子法國麵包或煙燻鮭魚、德國香腸、蛋等等內容的早午餐，以及磅蛋糕、冰的鮮奶茶、熱的康福果味茶、拿鐵咖啡等飲料。另外，也有蜂蜜、愛文芒果醬等外賣。

空間　讓台北人專程前來朝聖

目覺二店是木頭桌椅、整面木頭格子牆櫃，有點像是兒童圖書館風格，剛烤好就上桌的英式Scone司康餅香氣瀰漫，很逗人；海苔水果卷是蘸芥末醬的，稍辣；馬鈴薯沙拉鬆軟爽口，搭配英式鮮奶茶很香甜，早午餐略和三店有區隔。

目覺一店則在整棟大樓的一樓，從玻璃窗看進去，就能看到眾生吃相，店內採用靠牆的整面木櫃書架，有放著《深夜食堂》等書本可翻閱，部分桌椅都偏低，讓人比較不習慣，早午餐菜色則是貝果、水果沙拉、碳烤腿排等。

目覺的早午餐時段，人氣最高，所以有些台北人還專程去見識一番。

1. 番茄白煮蛋滋味清爽。
2. 豆腐盤佐芥末油醋醬清新可口。
3. 磅蛋糕也是可點選的早午餐內容。
4. 也賣季節果醬。

2 | 1
3
4

INFO

- 目覺三店
地址：台中市西區精誠 7 街 1 號
電話：（04）2329-2566
營業時間：每日 09：30 ～ 21：00

- 目覺二店
地址：台中市西屯區大恩街 8 號
電話：（04）2310-2616

- 目覺一店
地址：台中市西屯區公益路 2 段 529 號
電話：（04）2254-6336

茶寮侘助

道地日式下午茶點滴到位

能像貓店長「茶太郎」這麼上相，靠臉吃飯，吸引一大堆貓奴貓迷們「WOW」的目光，肯定有極佳的號召力，但「茶寮侘助」僅憑FB訂位，就經常呈現在未來一、兩個月客滿的夯勁，憑藉的還是主人乙骨正弘絕佳滋味的咖哩飯以及茶藝本色。

只用FB訂位　仍舊天天爆滿

茶寮侘助租用老屋的一樓，空間小，只有五張桌子，為此也定出了不得不然的規定：不接六人以上的訂位、不接待六歲以下的小朋友、不接待不速之客、拜託不要欺侮名為「茶太郎」的貓店長、沒有電話和電子郵件什麼的就完全只透過FB訂位，任何聯絡都在FB上。

其實，FB訂位法，原不是乙骨正弘的本意，他是位熱愛台灣茶藝的日本人，來台留學畢業後，也與在台相戀的屏東姑娘黃思瑋結婚，然而空有一身才藝，他卻發現沒有辦

茶寮侘助空間雖小，還是營造出了入口庭園的意象。

1. 貓店長一臉明星相。
2. 乙骨正弘很開心能繼續與茶為伍。

法憑仗著茶藝本領找到安穩的工作，遑論有財力開小茶館，為了要留在他所愛的台灣，開家小小店賣「媽媽的味道」咖哩飯、烏龍麵、關東煮，應該是能存活下來的方式，那麼在下午茶時段，他就能擺出茶席，展演自己所愛的茶藝和茶湯了，開店之前，手機遺失了，為了省錢，忍痛不買新手機，不怕沒有顧客上門，二〇一三年七月開始營業，就藉著FB試試看了。

貓店長　擄獲所有客人的心

雖然茶寮侘助位在進化路的小巷裡，不好找，屋子狀況也舊，乙骨正弘夫妻倆卻把小店當成台灣的家、茶藝的愛一般地經營著，粉刷牆壁、在入門小徑舖上白色鵝卵石、自製門口的店招，處處可見手工勞動的用心，店裡悠揚的音樂還很克難地採用USB插卡式播放，先生忙下廚，妻子照顧外場和經營FB，最讓人眼睛一亮的竟然是貓店長，儘管在店裡的時候，年紀老邁的牠常常都只是窩在一角睡覺，但FB照片上牠炯炯有神、鬃毛分明的模樣，相當精神抖擻，擄獲了男女老少的心。

日本人老闆　擁有來自茶鄉的深厚茶藝

乙骨正弘的國語講得很好，人很客氣謙虛、低調寡言，所

以還有不知情的人並不曾意識到他是老外。他來自日本東京鄰近的茶山之鄉狹山，從小就是聞著茶香長大的，讓他希望認識茶世界裡的更多精神內涵。

對於台灣人而言，狹山茶的知名度遠不如靜岡、宇治，實際上，日本有所謂公認的三大名茶：靜岡茶湯色最美，宇治茶香氣最勝，狹山茶滋味最濃。

在乙骨正弘的故鄉，早在一一九二年鎌倉時代開朝之初，明惠上人就選定靠近江戶（現今的東京）的崎玉縣川越種植茶樹苗，帶動種茶，甚至有很多都散種於民宅周邊，讓全境皆見茶樹的埼玉縣成為關東地區的最大茶葉產地。

這些用來製作「玉露」的茶樹，在採摘前一個月必須搭棚覆蓋，降低陽光照射，使茶葉生長緩慢下來，葉肉較厚卻柔嫩而水分飽滿，保留了較豐富的葉綠素。採茶人邊採摘邊唱著：「味道是狹山」，以狹山茶甘醇濃厚的滋味為傲。手工採菁後，進入蒸菁、烘葉、揉捻、乾燥、精揉過程，最終步驟以「狹山入火」的高溫乾燥方式烘焙，傳承八百年以上的古法工藝一絲不苟，成就了格外芳馥細緻的茶滋味。未遮蔽的茶樹則產製一般煎茶，品質也頗優良。

愛台灣　一腳踏入工夫茶世界

乙骨正弘在成長過程中，內心盛滿「狹山入火」的香氣，就讀東京國士館大學亞洲文化系之後轉變為熱愛中華文化，尤其對中華茶道、台灣茶藝心生嚮往，多年前收拾行囊，以交換學生身分到中山大學讀中文系，已對不發酵抹茶很精通的他，一來到台灣，就發現自己一腳踩進了烏龍茶工藝博大精深的世界，烏龍茶依照發酵程度的不同，家族成員包括了包種茶、清茶（四季春、金萱、翠玉）、香片花茶、武夷茶、鐵觀音、白毫烏龍（東方美人），於是進一步透過茶行老闆的介紹，在高雄向采雲軒負責人阮小婉拜師學藝，研習台灣「工夫茶」茶道。

乙骨正弘認真地做過比較，他覺得，日本茶道規矩繁複，氣氛比較嚴肅，台灣的茶道則很生活化，已經融入生活的待客、奉茶、聊天當中，因此現在日本也很流行台灣這種泡茶文化，在日本，大家多是喝煎茶或綠茶，他在日本時也只喝過一次外國朋友請客的烏龍茶，對於烏龍茶就心生好感，覺得特別甘冽香醇，來到台灣後，很開心又可以喝到好喝、好舒心的烏龍茶，這成為他學習中文以外的最大目的。

乙骨正弘說，烏龍茶的泡法有很多種，最具特色的泡法是

1、2. 在這裡可以喝到店主人從日本親挑帶回的煎茶玄米茶。
3. 喝不過癮，還可買日式包裝的茶葉回家。
4. 在店裡也看得到日本鐵壺。

2	1
4	3

工夫泡，因為工夫泡需要用到聞香杯、品茗杯，泡出來的茶又飄香、醉人，是他的最愛。除了茶道，他也愛看書法展、國畫展，讓他了解到台灣文化的內涵、歷史背景，此外，他也到茶山實地體驗茶葉的製造過程，感覺自己上輩子一定就是台灣人。

媽媽味咖哩飯　茶藝館的圓夢先驅

乙骨正弘曾經榮獲台灣茶藝高雄分區比賽的冠軍，表現不凡，原本想等大學畢業後，回到日本開一家台式茶藝館，讓更多日本人能喝到好喝的台灣茶，但沉浸在愛河中的他和妻子商量後，決定留在台灣，原想開茶藝館的夢想一時圓不了，因為光是茶具、茶葉、店面租金等等開銷就很龐大，這讓他改弦易轍，決定先租個舊房子的一樓窄窄空間，先開個飯食小店，除了供應咖哩飯、關東煮，也供應他最拿手的宇治金時抹茶紅豆甜點以及茶飲，慢慢攢錢，一步步向著夢想前進，希望早日存夠錢，換個大一點的場地，他就能大器地布置茶席了。

為了把咖哩飯做得香噴噴、很道地，他回老家向手藝頂尖的營養師母親認真學習了咖哩香菇嫩豬肉熬燉的做法，五花肉、香菇燉煮，滋味香醇，只要吃過就上了癮，注重健康、食安，特選用北海道厚岸產的昆布，自己泡軟，製作關東煮湯頭，在口碑迅速傳開後，午、晚餐的訂位幾乎是爆滿的，下午茶則可能還有座位，物美價廉，不必搭飛機去日本就能享受到道地日式風味的下午茶。

香菇嫩豬肉加起士的咖哩飯，好吃到破表。

1. 宇治金時紅豆甜而不膩，是下午茶的首選甜點。
2. 手打麻糬團子口感細緻綿密，搭抹茶最完美。
3. 宇治金時冰淇淋很正統。

3 | 2 | 1

茶香迷人　道地日式風味下午茶

淡淡鮮香的綠茶、散發一股熟焙火香氣的玄米煎茶，搭配甜點如雙倍好料的抹茶起司蛋糕、把酷熱擋在了窗外的宇治金時冰淇淋、蛋味香濃的玉子燒、精華薈萃的宇治金時連同手打麻糬團子，紅豆甜而不膩，抹茶清而不媚，手打麻糬團子口感細緻綿密，這時已經了無遺憾，如果要說有遺憾，就是渴盼串連一頓餐食和下午茶，吃喝到心滿意足。

老沙發、古董掛鐘、木製舊櫃子上擺放了各種日製手作小物，都帶點日式文創意味，還可以買些日式的小餐墊、櫻花花朵形或古式花紋圈結造型的筷架回去，賞心悅目之餘，也紀念著某日午後的這份美好。

特色亮點

日本老闆乙骨正弘，把道地的日本風味帶進台灣，玄米煎茶、抹茶起士蛋糕等等，現在不必搭飛機去日本了，頂多搭高鐵來台中就好了。

INFO

- 茶寮侘助

地址：台中市北區進化路 205 巷 5 號

營業時間：下午茶，平日 14：00 ～ 16：00

假日 14：00 ～ 17：00

公休日以當月預約表公告為準。

其他：恕不接待 6 歲以下小朋友

菇神
大口吃菇、盡情吃菇

新社是有名的香菇產區，還有一條可供邊吃邊遊的「香菇街形象商圈」，便利遊客採買各種生鮮或乾燥香菇帶回家做料理，也能進餐廳享用菇菇火鍋或餐點，黑胡椒秀珍菇酥、芥末香菇酥等零食以及現炸杏鮑菇也很受歡迎。

1. 菇神餐廳外觀。
2. 餐廳內，主採台式裝潢風。

菇達人　新社落腳開啟菇神時代

吃菇有益養生，來到新社，會注意到不少家以「菇」為主題的店家，例如阿亮香菇園、菇菇部屋等，其中「菇神」餐廳的董事長林明順從早期就推廣菇料理了，他與當地菇農合作，每天鮮採後即送到店內烹調，他表示，投入菇蕈產業二十多年來，就是希望提供最好品質的菇蕈，因而早在創店之初，曾走訪大陸內地，考察大陸各省特色菇蕈與栽培場，甚至前往內地菇類交易市集，蒐集特色料理訣竅，把大陸菇類美食移植到台灣，開啟了台灣菇蕈美食新吃去。

二○○六年，菇神前進新社，在推廣養生菇蕈料理外，更結合休閒觀景功能，推動特色餐廳，他說，台灣高達60％的香菇都來自美麗山城新社，他搬遷到新社經營菇蕈，是非常順理成章的事。

特色招牌　家傳菇菇鍋、玄耳露、吹雪露

菇神的特色鍋品「家傳菇菇鍋」，引用家傳湯頭，把鍋內的新社鮮採六種菇蕈熬出好滋味；香菇肉燥則以上等椴木冬菇炆火滷製，掀鍋蓋時，肉燥香味撲鼻而來。

近年開始流行喝起木耳露，菇神下午茶的招牌商品自然是

3	2	1
4		

1. 台式烤香腸有得吃。
2. 菇類火鍋適合一桌人共用。
3. 一次吃到多種菇類，大滿足。
4. 酥炸杏鮑菇在新社處處飄香。

菇神的玄耳露、吹雪露，選取初採的黑木耳，結合產學合作與中臺科技大學食品系、行銷系共同努力，希望推介木耳對照顧健康的好處。

菇神的玄耳露、吹雪露，最早期是用寶特瓶裝的，還在門口用大灶煮，偶而還會燒焦，每提起往日種種，林明順還流露出一種懷念的神情，而今演變成精緻的飲品及伴手禮，可見工商社會的繁榮進步以及巧思所推進的餐飲文明。

喝不慣木耳飲料的人，可以點選柳橙汁、卡布奇諾咖啡、水果茶等等，在下午兩點到五點時段點買飲品，店家會送炸杏鮑菇等茶點，隨店家現況作調整，不無小小的驚喜。

INFO

- 菇神

地址：台中市新社區協成村協中街 287 號

電話：（04）2582-2585

營業時間：週一至週五 10：00 ～ 21：00

假日 10：00 ～ 22：00

下午茶時段：14：00 ～ 17：00

福音86

小鎮中的法式味覺體驗

在后里這樣被誤為「只有薩克斯風、馬場和兵營」的地方，竟然有家法式鄉村主題餐廳，店名「福音86」雖說出於宗教信仰，更適切而言是因為它就位於福音路86號。

看似尋常人家的大門，有著不凡的美味。

桌上的鮮花裝飾，就來自於自家庭院。

小鎮老宅　藏著法式鄉村美味

透天老宅內的楊桃樹、荔枝樹可已有七十多年以上的歷史了，蔭涼得很，老屋是牙醫師夫人、女老闆張鈺齡一家人的住處，因為注重健美、清爽，特別要求要烹煮天然食材、清淡調味，最後在二〇一二年開店時乾脆把自己上烹飪課的老師請來掌廚，成為鎮店之寶，確保既健康又美味。

張鈺齡強調，十餘年前她發現自己罹患卵巢癌，為調養身體而改變飲食，選用無毒、少污染的食材，從此不再追求精緻加工美食，儘量選擇原汁原味的天然食材，老房子改裝後，展現上海舊房子的風味，她常在這裡做菜給朋友品嘗，又因為常去上烹飪課，她認識了志趣相投的主廚王輝能，過去都在五星級飯店擔任主廚的王輝能，被張鈺齡的故事打動，決定來到這個小城鎮，與張鈺齡夫妻倆一起打造以健康食材為主的法式鄉村主題餐廳。

就在這有「薩克斯風故鄉」美譽的台中市后里區，這人情味十足的小鄉鎮內，張鈺齡經營的餐廳，平時卻是大門深鎖，只接待預約客人，沒有菜單，完全看主廚王輝能今天買了什麼食材、有多少預約客人，才出什麼菜色，以維持食材的新鮮度；雖然無菜單料理的價位不低，卻在整個后里區形成了很獨特的一家法式佳餚餐館，多年來逐漸打出了口碑，三十個座位也容易喊出「客滿囉」！

取自大地　自種自食的美麗行動

庭院裡欣欣向榮的綠薄荷、紫色的紫蘇、粉紅百合，顏色煞是好看，這不只是一個漂亮的庭院，還是福音86的食材庫。店主人張鈺齡強調不灑農藥，為的就是自己也吃餐廳裡的食物，當然要嚴格要求做到無毒、安全，甚至所有花兒、香草植物都可入菜，或當作盤飾也鮮艷動人，勾引食慾，在不同的季節，對於饕客構成意外的驚喜。喜歡喝咖啡的老闆娘還在后里山上種植咖啡，咖啡採收後，完全自己晾曬、烘焙，只用有機肥的咖啡，特別甘醇清香。

法式料理中的要角—醬汁，也是標榜原味調佐，唯一要提高警覺的是現採的辣椒既鮮且辣，可別一整支就放入嘴了，

2 | 1

1. 宛如藝術品的甜品，超美。
2. 馬卡龍，在甜點師傅的巧手下，好看又好吃。

還是慢條斯理為妥，同時，店家在刀叉之外還附上筷子，如果您是老式作風的、從日本來的客人，一定馬上就能適應了。

餐館內採開放式廚房，客人可以看到主廚如何鋪陳料理，也可欣賞到美麗的點心師傅如何動起巧手做出一道繽紛的甜點或可口的手工餅乾，在柔和的香頌樂音中，聆聽庭院裡傳來的的蟲鳴鳥叫聲，盤中的無不是美食。

張鈺齡說，食安事件接連發生，餐館連店裡要用的茶葉，也親自前往南投茶農那兒去了解探詢後才採購，食材都來自熟悉的菜農及茶農，讓她對自己的食材有充分的信心。

做菜的幸福　從都市到小鎮的尋味歷程

至於從都會區的五星級飯店來到后里小鎮的餐館擔任主廚，王輝能笑著說，三年來他很滿足這樣的生活，閒暇時他甚至學會了多年前就想學的薩克斯風，一圓音樂家的夢想，空檔時，他也會走出廚房為客人表演一曲薩克斯風，重點不在於贏得喝采，而是與顧客同樂，營造出滿室溫暖歡樂的氛圍，想一想，這樣的生活才是自己真心追求的，也許有人覺得他很不智，竟然離開高級大飯店位高權重的高身分位置，而到小鎮的私人小廚工作，是不是有些想不開？

溫馨的空間，就像到朋友家作客一般。

事實是他想開了才這麼做，如今的生活既充實又紓壓，他很樂於接受現況，這才是明智的抉擇。

「我在這裡重新找到了做菜的幸福與樂趣！」王輝能心滿意足地說，過去在五星級飯店擔任主廚時，他曾經不斷想像著能有自由揮灑的舞台空間，現在他「得到救贖了！」讓他重新回到做菜的初衷原點，也回歸食物自然的風味，還有什麼是比起這個堪稱更棒的人生！

「庭院深深深幾許？」不，應該說「眾裡尋她千百度，驀然回首，那人卻在燈火闌珊處。」何時也解放自己，祈禱片刻心裡的寧靜平和，創造口中的、腹中的以及心靈的福音，面對美食，你可以是自己的天使。

2	1	
5	4	3

1. 廚師專注，以客為尊。
2. 王輝能樂於使用好食材。
3. 南瓜濃湯表面，鮮奶油勾勒出美麗線條。
4. 外層熟香、內層粉嫩可口的牛肉，很是誘人。
5. 海鮮類的料理，當天採買食材。

INFO

‧ 福音 86

地址：台中市后里區福音路 86 號

電話：（04）2239-8900

營業時間：每日 12：00 ～ 14：00

18：00 ～ 21：00，採預約制。

美的像是在仙境的林間小路。

森の王子

在森林裡留宿一宿

有沒有一個地方能住在森林旅店裡，讓全身充滿芬多精，又能充分享受親手製作手工果醬＋下午茶的時光，還有王子陪伴著？有，它的名字就叫「森之王子」。

綠意盎然　整座森林都是你的徒步區

「森の王子」又名「森之王子」是安妮公主花園的第二店，一到大門，看到兩邊是枯木意象別擔心，走入大門，滿片草地就會映入眼簾，一排排的長木凳正是手工果醬課的地盤，挺適合團體聚會，為了怕客人迷失在林中，店家刻意製作了遊園路線地圖，可按圖索驥，連餐廳建築物都像四角、屋頂、窗戶長著樹葉和花草一般，其實是到處種了植物仿傚綠建築，倒也是綠意無限，木頭樑柱、木椅子、木製圍欄、木棧露台，紅醬海鮮義大利麵、鬆餅、柳橙汁冷飲，要點什麼，全在調色盤形狀的菜單上，讓人遙想起小學時代的美術課時光。

住進宛如在天空中民宿的木屋，店主人特別建議側身朝東，這樣就可在在溫暖的被窩中好整以暇地觀賞日出，給自己帶來一種久違的感動，又或者隨著鳥鳴而起床，居高臨下，眺望遠景，感到陽光普照的幸福氣息，泡湯、喝咖啡，又或者走入森林的芬多精環境裡，探探露珠和微風的動向，擺個很文藝的「萌」動作，和整座森林一起入鏡。

柳宗里鍋具　盛裝美味也傳遞美味

摸摸肚皮，午餐該吃什麼才算犒勞自己？店家特選日本柳宗里大師的鐵鑄鍋具，顯現鮮醇食材的原汁原味，新社特產的香菇以及蔬菜、昆布熬製高湯，再加進其他時鮮杏鮑菇或竹筍、番茄等等，可以吃喝得既養生又清爽、好消化，也算是難得的奢侈旅程。

午後時光一到，只見有人伸出含著愛意的雙手，細緻而溫柔，拿起大湯勺，反覆均勻地攪拌鍋內的湯底，這可不是在煮麻辣鍋、藥膳大補湯，這是在親手製作手工果醬。

採擷當季陽光和雨水滋潤過的新鮮果實，以健康、自然、不加水的製作過程，用手的溫暖，帶著內心的祝福，細心熬煮而成，不含人工添加物的健康果醬，替每一位有口福的人留住季節限定的美好滋味，美味又健康的天然手工果醬，分享著沐浴在醬醬都甜蜜的喜悅中。

「森之王子」也接受二十人以上的團體預約課程，可以一起投入下午茶+手工果醬的體驗活動，由店家選擇在地食材果物例如柑橘，現做現吃，好不暢快！

1. 在這裡，擁有欣賞新社的最佳視野。
2. 玻璃屋內的明亮的陳設，讓人不想離開。
3. 鬆餅香噴噴上桌。

INFO

・森の王子

地址：台中市新社區永源里井南街 28 號

電話：（04）2582-1658

營業時間：每日 11：00 ～ 20：00

用餐時間：11：00 ～ 18：00

像走進別人家裡，吃飯，不見了人影。

田樂
順應時令，追求for Farm的飲食之樂

田樂的兩家店，不論是小公園旁的兩層樓式小房子店面，或是學院店附近的平房，都是舊屋改作餐飲店的，招牌小小的，而且還刻意保留破舊的牆面。那模樣，就像是走進去別人家的屋內吃飯，不過，可不是隨便就能進去、想進去就有位子坐的。

提早預約　就能在老屋享受早午餐

如果在早午餐、下午茶時段打電話到田樂，一直響，卻沒有人接，你不必打去詢問「障礙台」，也別誤以為店休沒營業，因為田樂強調慢食態度，忙起來的時候就不會接電話了，而即使您有預約了座位，但沒確認好，或是遲到，店家也可能無法保留座位，這麼「有個性」，說到底，是因為老屋內改裝後的座位數不多，而且採取一週內只開放部分座位預約的策略，客滿也就不難理解，倒教追逐「范特喜熱潮」的客人趨之若鶩。

餐飲多樣　偶有小展覽添藝文氣

田樂對於「朝食」早午餐的定義，是從上午十點到下午兩點，大溝邊的小公園店，朝食選項有天然酵母麵包早餐、奶油白醬雞肉佛卡夏麵包、唐揚野菜鬆餅、烤雞堡等等，炸雞香，濃湯暖稠，盤上五顏六色很是開胃，所謂「鬆餅」，是手作的銅鑼燒樣貌麵包，非常甜，此外也有廣島燒鬆餅。中午十二點以後可以點選鬆餅、漢堡、小食，飲品則全日都有，包括果物飲、法式歐蕾、蘇打、茶飲。

夏天會推出芒果鬆餅，冬日會視情況上檔「限定」草莓鬆餅，秋日下午茶出現過蜜漬蘋果鬆餅，上放一球冰淇淋。

櫃檯有擺番茄等，可讓顧客買回去吃，店裡有時也舉辦小型展覽例如以貓為主題的攝影展，徵件共襄盛舉。

至於田樂學院店，稱為學院店，是因為中國醫藥大學未升格的前身是學院之故，朝食是鹹食法式吐司早餐，全日可點吃的則有甜食法式吐司、漢堡、小食，以及包括果物飲、法式歐蕾、蘇打、冰沙在內的飲品。冬日也有草莓鮮奶油鬆餅，其他甜點尚有柳橙布丁等。

1. 牆邊也販賣蔬果。
2. 能點什麼來吃，黑板上寫得密密麻麻的。
3. 老屋，讓人走動起來得小心翼翼。

3 | 1 / 2

慢食　細細品味跨國界料理

菜單就如同泛黃的舊書頁，薄薄的，像是一扯就會破似的，仔細看看上面寫些什麼吸引人的特點：日本抹茶、在地老店豆腐、有機自然野菜、履歷認證雞蛋，光看著就覺得身體有比較健康了，響應日式慢食精神，享用融合國界的料理，如果坐定了，那就別緊張了，誰也不趕你，就真的慢條斯理地吃吧！

特色亮點

除了美食讓人目不暇給，田樂的老屋策略也很值得細細品味。喜歡設計、空間的人，或是根本就是老屋癖的饕客，千萬不要錯過。

INFO

- **田樂小公園店**

地址：台中市西區大忠南街 82 巷 36 號
電話：（04）2372-8672
營業時間：週一至週五 10：00 ～ 20：30
週六至週日 09：00 ～ 20：30

- **田樂學院店**

地址：台中市北區健行路 425 巷 3 號
電話：（04）2234-3535
營業時間：週一至週五 10：00 ～ 21：00
週六至週日 09：00 ～ 21：00
（晚餐最後點餐時間為 19：30）

CH4

享品味

斐麗
生活蔬食

譜戀

吉凡尼
花園

FRajo

真皮工坊

FYE法樂齊

一藤井茶菓鋪

歐貝納法式點心

格蕾朵甜點莊園

斐麗生活蔬食

悠然氣氛下的飄香美食

在青島路的轉角，乍見小庭園裡有座深紅色的英式電話亭，立時就印象深刻，不管是大的亭子、小的模子，都是店主人想要傳遞的優雅風味，一早七點坐進去吃早餐、假日十點慢悠悠地享用早午餐，英式鄉村的溫馨室內氣氛加上健康食材的烹調，身心安適，不可多得。

溫暖氛圍　有回家的感覺

斐麗生活蔬食是透天厝裝修而成的餐廳，挺像是水泥叢林之間的桃花源，門口擺有藤椅，靜心休憩一下倒是挺放鬆。看著庭園裡的百香果、葡萄等爬藤植物以及不知名的紅花漿果，驚覺植物生命力很認真地在茁壯著，使勁地露臉好面對冬日難得的陽光，彷彿流瀉著奏鳴曲。

人才剛在門口站定，廚房裡起士、雞蛋、鳳梨、麵包種種香氣已然按捺不住地飄然而出，很多人就這麼走進去一探

斐麗蔬食生活餐廳就在路口處。

店內有一種居家的閒適感。

究竟，從此養成了早來報到吃出健康、補充營養的好習慣。黃金色的米飯、鮮翠欲滴的蘆筍、主人徐茵的殷殷招呼，營造出比擬耶誕節的氛圍，有顧客說，像是回到家的感覺。

輕食早餐的組合是麵包+飲品，飲品可從精力蔬果汁、熱咖啡、鮮打果汁三選一；麵包的選項很多，包括：洋芋沙拉三明治、美式起司炒蛋三明治、爐烤義式鮮乳酪三明治、燒烤鳳梨乳酪三明治，三明治均以南瓜子蔓越莓裸麥麵包做成，而低脂酸奶抹醬佐蔬果沙拉、起士焗豆馬鈴薯佐蘿美生菜菜心用的是核桃枸杞黑麥麵包。

套餐單點　份量都吃得飽

煎餅類美味、人氣高，薄餅夾包著的可以是鮮炒綜合蔬菜附爐烤馬鈴薯，也可以是什錦水果優格，再附沙拉；法式蛋捲的四個成員是菠菜起士、番茄起士、香草野菇、鄉村水果乳酪，均附爐烤馬鈴薯或沙拉；貝果類可選低脂酸奶貝果或法瑞起士片貝果；水波蛋類則有水煮鮮蔬、香草野菇兩種口味，前者原味清鮮，蜂蜜芥末淋醬酸甜美味，後者在口中迸射出羅勒的郁郁香氣，各具特色，也和貝果一樣都附上爐烤馬鈴薯，保證吃得飽足。

如果不吃一整套，而是單點，也都能吃飽，單點可挑選鄉村炒蛋、有機荷包蛋、核果黑麵包、蔬菜濃湯等等，如選

1. 菇類燴蔬盤美味清香，很吸引人。
2. 鬱金香米飯色澤金黃，啟動食慾。
3. 蘆筍鮮翠欲滴。
4. 來杯精力蔬果汁，開始有活力的一天。
5. 法式蛋捲，蔬食也超乎想像地好吃。

4	3	2	1
5			

南瓜濃湯，可看到材料分明的南瓜丁、毛豆仁和少許紅蘿蔔丁，而自釀醋飲有香甜的荔枝桂花醋和略帶酸香的桑椹橄欖醋、桑椹紅麴醋，全看各人所好。

這裡還有一個特色是善用食材。松茸產於海拔三千公尺以上高山，是著名的珍貴食用菌，日本人視為難得的珍稀美味，台灣的松茸則長在高海拔山區的二葉松林內，滋味鮮美，不假外求；斐麗所用的杏鮑菇是原產自歐洲寒冷森林裡的品種，由農業試驗所與法國合作引進菌種，目前在國內已大量生產，經烹煮後，菇肉肥厚軟潤，口感鮮嫩香Q，熱量低，要是心中存疑，只消吃過就瞭然於胸。

作法多樣　大人小孩都愛

店主人倡導吃蔬食是合乎自然、環保的飲食，早餐是一天當中最重要的一餐，不妨長期持之以恆地多食安全、無汙染的生鮮蔬果，改善酸性體質，幫身體排除毒素，重建清爽的飲食生活，因而店名才取為「斐麗生活蔬食」，想要一口吃進五顏六色的多種蔬菜、水果，這裡不但辦得到，作法也不呆板，融合各國的料理方式例如咖哩餃、燴蔬盤、焗洋菇、鬱金香米飯、中外拼盤，經常推陳出新有鮮意。

堅持採買自然農法栽種的蔬果，力求減碳飲食法，斐麗生活蔬食把食物調理得香噴噴的，這麼一來，想吃素食、蔬食一點也不勉強了，甚至連小朋友都很願意一起走進來，不論是蛋捲、薄餅、貝果、烤馬鈴薯、果汁，好看又好吃，大人慢調斯理喝咖啡，孩子照樣坐得住，全家閒適地聊聊天，沒人滑手機，這才真正是親情時光。

徐茵的第一店「斐麗巴黎廳」創立於一九九八年，她有志學習廚藝，決心推翻「素食＝難吃」的定義，自己從蔬果原料採買到烹飪、烘焙、釀醋都有辦法動手做，帶動了歐法蔬食的流行風；最棒的是可以喝到本土咖啡豆，品嘗到別處很難一親原汁原味芳澤的瑞士起士鍋、巧克力鍋，披薩類的菌菇鮮蔬薄餅或番茄菠菜薄餅也會讓肉食者胃口大開。

來一杯特調熱咖啡或卡布奇諾、普羅旺斯玫瑰茶、當日新鮮蔬果汁、純釀麥草果醋飲，都是在歐式古典雅致環境中最舒爽的享受。

INFO

- 斐麗生活蔬食

地址：台中市北區青島路 3 段 115 號
電話：（04）2237-9101
營業時間：週三至週一 07：00 ～ 21：00，週二公休

- 斐麗巴黎廳

地址：台中市西區五權西 6 街 20 巷 2 號
電話：（04）2376-8089
營業時間：11：30 ～ 14：30；17：30 ～ 21：30

這可是黃金地段的豪宅冰淇淋店。

FRajo 企業家圓夢，在地特色蔬果豪爽用

推開黑白色調的玻璃門面，逛進二樓沙發座椅的座位區，看著天花板上懸掛著的一盞盞美術燈，會讓人錯以為這裡是豪華鐵板燒餐廳，但它卻是賣義式果味冰淇淋、健康烘焙麵包的「FRajo」，沒錯！這正是傳說中的「豪宅冰淇淋店」。

傻瓜圓夢　許你一個安心吃冰的所在

自稱「傻瓜」的兩位創業者其實大有來頭，其一是亞洲最大規模地工合成材料商盟鑫工業董事長王錦峰，另一位是全國第二大鞋盒製造商宏泰紙器二代公子陳俊良，合資創立寶基科技公司，大手筆投資三千萬元為「安心吃冰」圓夢，FRajo 正是新公司的創業作兼旗艦店，之後還會實踐拓展全省連鎖店並自設農場的雄心。

面對近些年來此起彼落的食安風暴，FRajo 強調「最感動的冰品」，還有療癒系的麵包產品，堅持自行研發，奠基在台灣傳統製冰技術上，融入法式 Sorbet、義式 Gelato 的口感，就成了道地 MIT 水果味的雪酪冰淇淋，包括高雄木瓜、內門南瓜、大崗山龍眼蜂蜜、卓蘭葡萄、大湖草莓、北港芝麻、萬丹紅豆、旗山香蕉等等，當天現磨現做，果味濃，水分多，製冰的蔬果都經「吉園圃」認證，訴求與農民契作，從產地端上餐桌，環保減碳又清爽。

天然菌種　溫暖麵包送到家

天然菌種經五天發酵養成老麵團，焙製出歐式風格麵包、田園麵包、雜糧核果類麵包，使用法國進口麵粉及奶油，少油少糖，加入產地直送的美味食材，在天然芬芳中傳遞

1、2. 這不是鐵板燒餐廳，這裡賣冰淇淋。
3. 天然菌種麵包不花俏，但吃了不脹氣。
4. 天然果味冰淇淋值得品味。

2	1
4	3

動人的溫暖熱度，吃了不脹氣，身心無負擔。

FRajo 不惜成本，主動出擊，服務到家，首創「麵包到你家」行動烘焙概念，訂購麵包滿五百元即可外送到府，FRajo 更在加工出口區、商辦大樓社區舉辦試吃品嘗會，果然一再刷新業績，連台東飯店業者都納入客戶名單。

吃過喝過方知愛過，不必選什麼黃道吉日，趁早去體會就對了。

特色亮點

買麵包還能送到家，沒錯！FRajo 就是如此，不過，體驗麵包宅配服務之前，先來店裡享受一下在豪宅吃冰的滋味吧！

INFO

• FRajo
地址：台中市南屯區公益路 2 段 1 號
電話：（04）2329-2285
營業時間：平日 11：30 ～ 21：30

仔細看可以發現櫃架上展示著水晶。

譜戀

異國料理景觀餐廳，印度奶茶最道地

走進深幽僻巷，柳暗花明又一村，宛如探訪別墅主人的植物園，一杯咖啡也讓人喝得心曠神怡，這裡，就是內行人（台語稱「住巷仔內的」內巷人）會去的「譜戀」。

愛水晶成癡　成就全新事業

「譜戀」，是主人林明見在此另闢境地，延續了他的水晶之戀。林明見原本是位水晶貿易商，來往於台灣和印度、尼泊爾、喜馬拉雅山脈，把進口的水晶成品行銷於國內市場，但大致在二〇〇〇年這年，台灣的水晶市場明顯下滑，好價格不再，他仍手握一些優質水晶，卻也惜售，轉而尋求人生的第二春何在。

他想起以往生意平穩的年頭，落腳在印度的時間有時長達數月，他多次參加靈修營，卻吃不慣咖哩食物，見到同營的歐美友人都很習慣捲起袖子下廚做些家常的餐食，倒也多彩多「滋」，尤其有位義大利友人擅長義國麵食等多種料理，相當美味，每每讓他吃完麵條猶自捨不得地用麵包醮上盤上剩餘醬汁入嘴，即使材料簡單，就算沒有新鮮或乾燥的香料植物和起士，依然是可口又健康的食物，在他眼裡冒出了一個個大大的問號。

許多次吃下來，林明見對義大利料理發生了濃厚的興趣，向義大利友人學習廚藝，這才瞭解到秘訣是首重食材的新鮮度，其次為搭配上等的初榨橄欖油、巴薩明哥酒醋，第三則可適量地搭佐香料、起士，畫龍點睛，風味自佳。

親身學藝　打造心目中的義式餐廳

林明見返台並把水晶貿易事業告一段落後，再到台北一家義式小館學藝，自認為掌握了義大利料理的技法後，二〇一三年年初正巧有個機緣，餐廳現址的舊別墅隨著屋主為要移民外國而求售，林明見看過房子，心裡勾勒著未來開餐廳的映畫，在親友支持下，勇敢邁出中年轉型的步伐，當時，他心裡想起一個印度字「Prem」，意思就是「愛」，在這個庭園別墅，他將寄託著對水晶的愛、對印度的愛、對義大利友人傾囊相授的愛、對美好生活的愛，於是就依照音譯把餐廳取名為「譜戀」。

多彩又新鮮的沙拉，讓人食指大動。

坐這裡，兩面外景都是綠意。

他請來設計師進行改造，外擴了室內空間，搭建成玻璃屋，由於自己熱愛園藝，造詣頗深，庭園花草植栽全都DIY，當一切布置就緒，他享用著剛才下廚的成果，同時透過玻璃窗欣賞滿園吐露芬芳的花樹，真正體會到什麼是「人生如蜜」，愜意極了。

迎賓驚喜　南國風庭園舒心

拜訪「譜戀」時，還未走進庭園，就先感受到「一樹粉藤出牆來」的驚喜，原來是浪漫的蒜香藤不甘寂寞，為單調的路面增添一股春意，走進園，迎接客人是大鳥籠裡的彩色鸚鵡。

庭園宛如洋溢南國風情的綠意植物園，是認識四季花卉的戶外教學場域，牆角種著迷迭香、蘿勒、薄荷等多種香草，是烹飪時可以現摘現用的；在這以愛為名的地方，象徵愛情的玫瑰少不了，品種不少，甚至還有色澤特別的香檳玫瑰；顏色耀眼、屬於天堂鳥花的「旅人蕉」，以大片蕉葉向旅人致意。

看過長條形的桑椹果嗎？那不是毛毛蟲啦！是紫紅色的果子，咬下可是會酸甜迸發大爆漿；白色、紅色、粉紅色的螃蟹蘭全報到了，都掛在園裡；指指點點數一數，還有茶花、百子蓮、蘭花、蓮花、梅花、曼陀蘿、鳶尾花、繡球花，矗立其中的孤挺花在三月到七月期間會開花，陪你過夏天，庭園不大卻五臟俱全，令人忘憂。

情調午茶　玻璃屋內享美食

走進玻璃屋，餐廳的一牆櫃架正擺設著林明見收藏的水晶，有的燦如繁花，有的亮如星月，為用餐更添觀賞雅興。

下午茶開動！林明見推薦初訪客可品嘗他引以為傲的特調印度奶茶，香料、茶包都特別從印度引進，沖泡上很有訣竅，林明見秘而不宣地說：「這最難了，我學了好久，終於深得精髓，絕對是原汁原味，經典重現，喝過就知道。」不喝奶茶的人可選拿鐵咖啡，搭配培根起士三明治或是提拉米蘇慕斯蛋糕、義大利手工奶酪等招牌甜點。

等一下！還有不加價的加值享受，對於音樂很具品味的林明見會自行選播當週的大碟，Daniel & Carey Domb 的大提琴與鋼琴古典樂合奏、Sangit Prats 的台灣咖啡幻想曲吉他演奏，你期待哪一次的耳福呢？

1. 不妨試試店主人兼主廚手藝的番茄鮮蝦義大利麵。
2. 提拉米蘇慕斯蛋糕做得相當道地。
3. 義大利手工奶酪很爽口。

INFO

- 譜戀

地址：台中市東區十甲北街 62 巷 1 號
電話：（04）2213-6385
營業時間：週二至週五 13：00 ～ 17：00
週六、週日 12：00 ～ 21：00
晚餐 18：00 ～ 21：00，週一公休

吉凡尼花園

自家生態農場無毒蔬果，吃得好安心

當食安危機一波波侵襲著消費者對於餐飲食品的信任度，在國立美術館綠園道經營多家餐廳的新月集團負責人羅友竹察覺到了，只有健康、安全、純淨才是吃的王道，於是在南投縣國姓鄉北圳巷開闢生態農場，供應到台中的「吉凡尼花園」，並且還開設可讓顧客包場學藝或享用主廚無菜單料理的廚藝學苑。

庭園餐廳　就以花園為名

我並不常去吉凡尼花園，但在食安風暴的警笛如雷聲般響起時，我走進吉凡尼花園買兩包他們農場生產的生菜、水果，買他們製作的XO醬，第一次，我仔細思考店名為什麼是「吉凡尼花園」，這個名字開始對我顯示了意義。

雖然學法語、熱愛法國美食、曾經一個人到法國各地區自助旅行，但我愛梵谷勝過莫內，所以選擇多些時日停留在

餐廳有些歷史年頭了，倒是座椅還保持著法式格調。

1. 看板、立架，讓人有疑是來到鄉村一角。
2. 仿效法國的餐廳，也設有戶外座位。

梵谷畫出紫色鳶尾花、金黃色向日葵、黃色咖啡屋的普羅旺斯的 Arles 等地，卻略過了莫內的 Giverny 花園。

莫內搭火車前往巴黎途中，在 Vernon 附近乍然見到一區鄉下房舍，為它渾然天成的美感、光影與氛圍所撼動，而決定定居此地作畫，生活其中，直到晚年，前後達四十年之久，並以一幅幅水池蓮花圖蜚聲國際，印象派大師的莫內稱之為 Giverny 花園，這裡就是創作靈感泉湧的造境園地。

羅友竹小姐說，一九九五年她成立的吉凡尼花園餐廳，是當時美術館對面綠園道的第一家庭園餐廳，她在開拓荒地的情境中，想像著營造出讓顧客走入法國鄉間人家花園的感覺，所以援引莫內的巴黎郊區住所之名來用，希望同時散發普羅旺斯鄉村的溫暖感。

百味人生　戲劇般的事業與生活轉折

這麼多年以來，美術館綠園道餐飲商圈興旺了，店面行情愈發金貴，已有幾近二十年資深年齡的吉凡尼花園卻變舊了，羅友竹很遺憾地說，事業成功以後，婚姻破裂，拆店分家，各奔東西，她把自身創業過程改編成電影《百味人生》，二〇一五年九月上映，鼓勵現代女性在追求獨立自主時，勇敢面對來自愛情與親情的挑戰。

百感交集的羅友竹，把她全新的人生觀反映在餐飲食材上，適逢慢活、減碳、健康養生概念正流行，她買地開墾，闢建「國姓生態農場」，位處阿冷坑溪與北港溪交界處，海拔四百公尺，四面環山，菜田綠油油，生氣盎然，採用有機肥料、自然農法栽種無毒蔬果，讓生態循環，隨著四季輪替，放牧飼養古早雞健壯滿山跑，從自家菜園採收蔬果做菜，享受著地瓜葉、空心菜、茄子、秋葵、甜菜根、檸檬、五葉松、美生菜的收成，滿心歡喜，不僅如此，農場還提供種菜、釣魚、捉溪蝦、堆營火等有趣的山中樂活選項，親子露營，體驗大自然生態奧妙，可成行。

無毒新鮮　早午餐豐儉由人

「早安！悠然的一天。」早餐到午餐時段，純麥酵母麵包出爐的香氣撲鼻，搭配著香草乳酪、熱香咖啡，大方地把橄欖油淋在義式海鮮料理、蔬菜焗烤、迷你漢堡上吧！自助式早餐供應無毒沙拉、當季果醬、手工麵包餅乾以及熱食，核桃燕麥粥、番茄蔬菜湯、時蔬培根燉飯、清蒸地瓜、地瓜牛奶也隨侍在側，滋味甘濃；如果想要吃得豪華些，迷迭香烤春雞、香煎鴨胸佐鴨肉原汁也在菜單選項裡；下午，喝壺玫瑰花茶，吃塊香草蛋糕、手工油酥餅乾，什麼都不想，純然發呆也行。

吉凡尼一樓轉角則是另有天地，推開新月廚藝學苑這扇門，開放式廚房裡只容八個座位，標榜客製化料理，相當討好，是大老闆、養生一族會喜歡的私宅餐廳，想吃早午餐？午晚餐？辦下午茶派對？先預訂，告知預算，再由主廚擬定菜單，採用自家無毒生態農場的蔬果做菜，可以吃得保持住身材健美，不必擔憂亂添加食品化學合成物的問題，這一點，頂要緊，因為主廚就是當著顧客面前切料、烹調，把雙方的距離縮減到最短，顧客可以看到眼前並無多餘的再製加工食品、易發胖的太白粉勾芡，絕不濫用會影響食物原味的味精，一頓飯下來，吃得夠安心。

1
2

1. 迷你漢堡，不會吃得太脹。
2. 焗烤食物的美生菜是從自家農場採來的。

1. 廚藝學苑採用先進廚具配備，可供報名上課。
2. 預訂，就能獲得專屬空間。

除了「搞神秘」，在專屬空間暢快地吃，也可以揪人一起報名烘焙課、廚藝課，或者要求開些適合自己公司團隊、親友團、少奶奶團的課程，既增進情誼，又精進手藝，比起逛百貨公司「瞎拚」殺時間要實惠得多。

新月餐飲集團旗下的其他餐廳，「京華煙雲」以北方菜為主，「新月梧桐」以江浙菜為主，就位於吉凡尼花園的對面，形成三角鼎立之勢，多角化經營，在這黃金商圈網羅住顧客，不容易溜掉。

INFO

- 吉凡尼花園

地址：台中市西區五權 7 街 58 號
電話：（04）2376-9755
營業時間：每日 08：00 ～ 10：30、11：30 ～ 14：00、17：30 ～ 21：00

- 新月廚藝學苑

地址：台中市西區五權 7 街 60 號
電話：（04）2376-9755，採預約制

格蕾朵甜點莊園

法式點心進駐的浪漫別墅

這棟粉紅、乳白色相間而明亮雅緻的「格蕾朵甜點莊園」，布滿著粉紅色玫瑰的浪漫，法式烘焙糕點的造型出眾，款款生姿，讓人的心情也變得很春天。

氣質別墅　吸引劇組專程取景

雖然外觀看來像是某個人家的透天別墅，招牌也不十分醒目，但裡頭的法式甜點主題卻「高調」傳唱著，幾乎全都是貴婦、時尚女，鮮少能看到男士帶頭走進來，這裡是追星的法式甜點名店，跟隨著電視明星天心的腳步，說愛、談心、感受名牌的氛圍，不可不朝聖一遊。

金鐘獎影后天心主演的兩齣連續劇，拍攝團隊都曾專程開拔到此取景，《親愛的，我愛上別人了》，扮演妻子的天心藉由寫日記，把每天的瑣細見聞和心情動態刻劃給由金鐘獎影帝李銘順飾演的忙碌丈夫：「每對情人似乎都有兩個故事。一種是可以和人分享的刪減版，還有一種是只存在自己心裡的完整版。」

變身整型女醫師的天心在《我的完美男人》裡，則是藉由專業的工作技能，一手打造心目中的完美男人：「每天早晨，能被咖啡的香氣喚醒是最幸福的。」格蕾朵正是適合搬演愛情劇的夢幻舞台。

以雕花鑄鐵牆片區隔座位區，燈光美、氣氛佳。

這棟透天別墅，就是傳說中的偶像劇甜點莊園。

色澤明艷討喜的棉花糖，適合送給心上人。

浪滿元素　從甜點到環境無一不與

格蕾朵主人葉乃文回憶，天心最喜歡吃的店裡甜點是極具法國經典名點代表的正宗「波爾多螺紋」（Cannelés Bordelais），是酒鄉歷史悠久的傳統點心，焦糖融合蘭姆酒的滋味，揉入香草籽，內層Q軟，經過兩天的發酵後，再放進銅模烤焙，形成深咖啡色的螺紋柱狀糕點，口感帶脆，誰能愛它，誰就真的很識貨。

把眼睛當成攝影鏡頭往前移，修剪得很整齊的庭院，地上就躺著塊草莓蛋糕的切片，當然只是模型而已，留意細節會發現側邊圍牆上的俏皮動物圖案，貓緊跟在慢慢爬的蝸牛身後，令人莞薾。

如果你能夠在一塊蛋糕上想像著立體花朵、晶瑩珠飾、細緻蕾絲、閃動星光等等綜合面貌，那就是格蕾朵了，以簡單線條的粉紅色愛心圖案為印記，天花板上的圖案是宛如吹出粉紅色圓圈的泡泡，座位區則以雕花鑄鐵牆片作為區隔，處處都見浪漫元素。

幸福　就是那一口法式甜點

氣質女主人葉乃文十七歲那年就赴加拿大多倫多求學，學習法語，再以交換學生身分前往法國麗池飯店跟著老派的正統烘焙師傅習藝一年，考取烘焙證照，決定返回台中後打造一家高級的法式甜點店，堅持嚴選台灣新鮮水果、使用來自法國的鮮奶油，匯流幸福的源頭。

她回憶小時候，所謂的「幸福」，是打開媽媽私藏在櫥櫃的鐵盒子，悄悄地端起一片焦糖杏仁甜餅，輕輕咬一口，湧上一種不可置信的欣喜感，然後，再一口，直到最終那一小口，從那時起，甜點的嫩芽已經種到了心田上，等到長大後，時機成熟，她要負笈世界甜點的首都—法國，把長達四百多年的法式甜點文化精華帶給風和日麗的台中。

猶記得在法國巴黎第六區 Rue du Buci 這條小街道上，清晨四點一刻，大地沉寂，十一月的冷空氣裡，偶爾走過個宿醉客，小貓翻找垃圾桶發出窸窣聲，她在住處烘焙著麵包和糕點，夾帶著甜分的香氣順著嬝嬝白煙，逆著寒風從老舊木窗冒出，她滿足地嘆口氣，打蛋器很律動地將蛋白打成綿密泡沫，45℃的黑巧克力在鋼盆裡晶亮地涌動，在每一個精確的動作下，葉乃文想望著打蛋器裡打的不只是麵糰，是希望，架子上一個個正膨脹發酵的，不單是可頌麵包，而是年輕的夢想，作家海明威說：「如果你夠幸運，在年輕時待過巴黎，那麼巴黎將永遠跟隨著你，因為巴黎是一席流動的饗宴。」她深有同感。

甜點　女人心中的流動饗宴

葉乃文很認真地說，甜點是許多女性心裡永遠放不下的愛戀，地位甚至超越了情人，因而她把流動的饗宴帶回家鄉，用材純淨的甜點的確能帶來健康的安撫作用，也不必擔心發胖，她單純地想把這份幸福宣言與人分享，要求完美的她不惜重本，特別請知名設計工作室為新店進行裝潢設計，二〇〇九年初一出手便不凡，開幕即贏得當年中華民國室內設計大獎金創獎商業空間類別銅牌，個性含蓄的她雖然

點綴著玫瑰花瓣的馬卡龍，訴說愛情想望。

1. 櫃檯內的品項琳瑯滿目，一時難下抉擇。
2. 天花板上的圖案是宛如吹出粉紅色圓圈的泡泡。

覺得粉紅色主色是大膽了些，但那就是每個女人的夢想，大膽才是本色，所以欣然接受了。

至於「格蕾朵」的取名，來自法國女劇作家名字 Colette，翻譯成中文，她願烘焙店能像蓓蕾般綻放出花朵。

午茶　放肆品嘗愛情的味道

下午茶選拿鐵咖啡、伯爵蘋果茶或粉紅氣泡酒，儘可隨心所欲，面對甜點可就要拿定主意了，招牌「格蕾朵」是愛心造型的蛋糕，黑醋栗慕斯餡蛋糕體以手指餅乾圍邊，擠圈奶油，中央是大顆草莓，甜、酸交織，一如愛情的味道。

Choco Pistachio 慕斯蛋糕像是立起的皮革筒，巧克力脆皮裡包含著巧克力慕斯、巧克力脆餅，核心還藏有開心果蛋糕與開心果奶醬，口感柔軟滑順、酥脆嚼感兼而有之，在驚喜下逐漸品饗那豐美的層次感。

Camelia 山茶花杯子蛋糕高尚端雅，是派對裡不可或缺的夢幻逸品，使用台灣道地龍眼蜜融入香草蛋糕，覆盆子奶霜特別進口西班牙特殊乾燥技術萃取出的天然覆盆子所製果粒粉，色澤自然，絕非人工色素粉，可安心享受。

繽紛討喜的法式馬卡龍，粉紅「凡爾賽玫瑰」的夾層是特製玫瑰醬，濃鬱而清爽不甜膩，表面點綴一片乾燥的玫瑰花瓣，彷如少女即將起舞，其他的不同口味還有黃金百香果、抹茶歐蕾、鳶紫黑醋栗、海鹽牛奶糖、夜摘覆盆莓、濃情巧克力，甚至有榴槤馬卡龍。

檸檬橄欖油蛋糕運用純正龍眼蜂蜜、歐洲特級初榨橄欖油，蛋白霜則取屏東綠翡翠檸檬汁調成，芬芳爽口。

「玫瑰佳人」讓人聯想起電影「窈窕淑女」的奧黛麗赫本，上下兩片馬卡龍架構出天地空間，草莓果粒中央是來回擠上了形成直線條紋的奶油，就像美女撐起華麗蓬裙，玫瑰奶醬、莓果滋味果然水乳交融香又甜。

聖米歇爾山蘋果塔結結實實地拿整顆蘋果熬，用手攪煮到變成金黃色的焦糖，再烘烤而成，襯著海鹽脆餅和鬆甜的杏仁蛋糕，的確是個「甜蜜陷阱」，讓人沈浸在甜蜜柔軟的果香中難以自拔。

鹹點　一樣讓人驚豔

來到格蕾朵甜點莊園，千萬別錯過的是法式鹹派（Quiche），源起於聖女貞德的故鄉、法國東北部的洛林（Lorraine）鄉村，又稱洛林鹹派，是以雞蛋揉合牛奶或鮮奶油製成的爐烤糕點，餅上鋪加其他食材去烤，就能形成類似不同口味Pizza的鹹點，適合於早午餐或下午茶時段享用。

格蕾朵純手工製作派皮，法式花椰菜番茄鹹派加入特製起士蛋奶醬，烘烤出蛋香四溢而溫潤口感的鹹派，讓流動饗宴因有這塊拼圖而馥郁、完整。

1. 純手工製作派皮，立體的玫瑰花奶油很浪漫。
2. 法式鹹派口味正統。
3. 經典的法式甜點波爾多螺紋。

INFO

- 格蕾朵甜點莊園

地址：台中市南屯區大業路 398 號
電話：（04）2258-7998
營業時間：週日至週五 11：00 ～ 20：30
週六 11：00 ～ 21：00

一藤井茶菓鋪

現刷濃綠抹茶＋巧思工藝菓子

在台中，除非是日本茶席場合，不容易喝到現刷的抹茶，尤其還搭配號稱「和菓子中藝術品」的「練切」甜點，坐在「一藤井」榻榻米席上，彌補了這兩項小遺憾，感覺是離京都最近的地方。

現刷抹茶　並非隨處可尋

抹茶不是到處都喝得到嗎？用熱水沖勻抹茶粉或抹茶茶葉，是可以喝到抹茶，但都不能說是日式的現沖抹茶，正式方式是煮壺熱水，左手取小杓，舀起抹茶粉入碗，右手掀壺蓋，沖熱水後攪勻，攪勻的方法是用類似細竹製的迷你打蛋器、又像絲竹腮紅刷的「茶筅」在碗中攪動，當抹茶與水融合黏稠，可再加熱水，再次刷調到起泡沫，即是一杯現拂或現刷的抹茶了，依水、抹茶粉的濃淡不同，分為濃茶、薄茶。

望著這好大一個黑色陶碗杯底，僅有底部少少的兩、三口

榻榻米席呈現日式風味

抹茶，再是口渴的人也不敢一飲而盡了，不由起小心翼翼地細品起來，茶香，還更因為剛剛手沖的溫度而讓人愛不釋手。

午茶菓子　美味之外更講究意境

下午茶的另一個選擇是靜岡煎茶，熱茶一壺，比較能供應得上兩個人喝，也還能回沖，茶點是從類比春夏秋冬四季意境的每季四個不同造型、口感的和菓子裡，選取一個佐茶，我來的這天，秋季和菓子剛登場，「著墨」是黑芝麻圓身、尖綠茶頂，好像綠髮一般，模擬栗子、河童形象，內餡有日本柚子，這真可以好好著墨一下了，做得這麼細緻，難怪比美日本和菓子中藝術品等級的「練切」，會被喻為是「吃進肚子裡的徘句」，的確令人讚賞，捨不得吃。

我又選了另一個調入抹茶、柚子、櫻花的白豆沙和菓子「藤井」，白豆沙作皮，絕不是糯米皮，因而口感內外綿密合一且甘甜，在五公分立方以內捏成個小菓子，就是最典型

1. 取白色柚花外形與意象的和菓子，讓人愛不釋手。
2. 現刷的濃抹茶，翠綠而芳鮮。
3. 朱紅色的日本鐵壺，可沖熱水或沖泡煎茶。

1 / 2 / 3

抹茶茶席上必用的燒水爐，店裡也有。

牆邊也展示一些茶席用具。

用於茶席上的配茶和菓子了；另兩款是寒天、柚子、白豆沙做成的「芙柚」、蘋果、棗泥、寒天做成的「秋夜」，店家贈送一碗黑糖寒天，揉和著沖繩黑糖南國蔗香的溜滑清爽寒天，把餘存的體內暑氣化於無形，堪稱是Happy Ending。

愜意悠閒　宛如置身京都茶屋

在喝茶、使用小小竹片刀切塊品嘗和菓子的其他時間裡，端詳一番店家，其實，現址的一藤井是從大墩十九街搬過來的，主人原本也還有一家「舞春山」，以往還曾教跳日本和服藝伎舞踊，在精明一街好像還擁有「赤宇及」茶室，二〇一一年六月，沖繩人爸爸和京都人媽媽所生的八歲久保葵即在茶席中身著和服出道，但目前合併到專心經營「一藤井」，望著牆上藝伎浮世繪掛畫和方玻璃櫃裡的藝伎人偶，在盥洗室洗手檯上看到店家供應的麻布質感方塊擦手巾，能激發出一種心情：「彷彿走在京都古道上那麼悠閒」。

現在，可以看到盥洗室前的位置，還像老店那樣垂吊個一個鐵壺，底下布置成炭燒樣貌，只是不真的點火，木櫃裡還展示一整套抹茶茶席的器具，此外，櫃檯有賣六入、九入、十二入的和菓子禮盒，以及明信片、承接糕點所用的

3 | 2 | 1

1. 和菓子「藤井」斷面秀，微妙的柚子、櫻花、抹茶美色相襯。
2. 黑糖寒天，清爽滑溜，吃一碗真是意猶未盡。
3. 和菓子「著墨」斷面秀，看得出芝麻、抹茶、白豆沙好料。

懷紙、可放進懷紙的扁布包懷紙夾袋等。

迷人京都氣息　盡在茶點中

回過神來，台灣，當然不是京都，不能奢望有日式庭園造景、兩百年以上歷史的日式平房茶室，只要點選煎茶或玉露，就會有免費的、道地的櫻餅或羊羹、夏柑糖奉上來，但我卻覺得能在炎炎夏日的午後，躲進有京都氣質的「一藤井」，手握現刷的鮮綠抹茶，驚艷地看到且吃到「練切」等級的和菓子，已然就是「不能為」情境下的有所作為。

一顆極富巧思的「練切」和菓子擺在面前，此時，真的無聲勝有聲呀！

特色亮點

一顆菓子不只是點心，還有著自己的精巧外表，還讓人宛如置身京都，簡直就是藝術品。不來嘗嘗，太對不起自己了。

INFO

- 一藤井茶菓鋪

地址：台中市西區民生北路 72-1 號
電話：（04）2302-7272
營業時間：週五至週三 12：00 ～ 18：00，週四公休，週四公休
‧茶飲茶點全日供應

Franck 授權 M.O.F 最高榮譽的巧克力甜點「三個百分點」吃得到。

歐貝納法式點心

最貴的背後，是最好

兩位小女子蔡孟書、郭雅琳的「歐貝納法式點心」一店於二〇一二年七月開幕時，透過同事的介紹，我就去採訪了，第一眼印象是「創下台中最貴的法國糕點價格了，但開在這個地點，看來是有夢想的千金小姐所開的貴婦店，不知能撐多久？」

高檔美食體驗　物有所值

等到品嘗完糕點並和兩位七年級的年輕美眉主廚聊過以後，我慶幸有技術扎實的新進者願意投入青春心力、投資買頂級食材，打造「歐貝納」，衷心地期盼她倆能夠熬過起初消費市場觀望的「寂寞期」，捱過虧損和挑戰，為台中樹立一家真正來自法國糕點工藝傳承的指標店。

對，也許一小部分糕點並不全然遵循法國原汁原味的配方，而加進了在地食材桑椹、九層塔、番薯，但經過她們解說後，我還是可以試試新口感的，但要從苛求完美的角度來要求，連卡布奇諾、拿鐵也都表現出高水準，加上著墨於法國亞爾薩斯區房屋布置的風格、溫馨舒適的環境，這家店應該是接近滿分了，固然形成中部最貴的標價，但食材純正、新鮮，捨得花錢，消費者吃得安心，那麼，因為最好，所以最貴，物有其價，也屬合理。

師承法籍名廚　手藝精湛

當時，新店剛開幕，法國恩師 Franck Michel 就特地跑來台中站台，可見師生情深。Franck 二〇〇四年榮獲 M.O.F（Meilleur Ouvrier de France，法國最佳工藝職人獎），二〇〇六年摘下世界糕點大賽冠軍（Champion du Monde de Patisserie），此後即擔任國家隊的指導教練。Franck 為弟子加持，授權把他斬獲國家最高 M.O.F 榮譽的巧克力甜點「三個百分點」在歐貝納重現。

蔡孟書、郭雅琳歷經台灣、日本、泰國的烘焙學習，因在法國三大甜點名校之一的 Lenôtre 學院進修、跟著 Franck 學藝而相識，發現理念相同，約定返國後要拿出家產築夢踏實，開一家理想中的法式烘焙店，選擇太原路山櫻花道旁的大樓底下，是因為一、二樓前庭可以挑高，依照她們所喜歡的亞爾薩斯區 X 形花紋門窗風格裝潢，同時，也想圖個清靜的門面，和烘焙店雲集的黃金商圈作出區隔，儘管因為位處大家所不習慣的區域而因此失去路過客源，但她們就是堅持理念，努力去做。

食材設備製作　樣樣講究

既是店主，又是主廚，蔡孟書說，甜點的平均單價逼近兩百元，是因為要做到正統、美味、安全，食材、設備就省不了。從廚房看起，例如來自荷蘭的急速冷凍大冰箱身價兩百萬元，好處是不會在糕點表面留下「冰晶」造成的淺冰層口感，讓美食打折扣。

貓頭鷹是歐貝納的吉祥物。

再說工藝，她一定照著恩師指示的步驟做，例如要做一塊榛果蛋糕，絕不買現成的榛果醬等半成品，一切從頭自己做，榛果醬從煮榛果開始，過篩炒焦糖、搗榛果泥、熬成香滑濃稠的榛果醬，這就得花半天時間了。

法國經典甜點千層派號稱擁有七百多層塔皮，蔡孟書和廚師們拿真正的香草莢來刮下香草籽、煮香草，自製口感香濃稠密的卡士達醬，絕不是拿便宜省力的化學香精滴下了事，麵糰每摺一次就要靜置休息發酵，才能再壓，每三摺就擀一次，務必擀得勻稱平整，如此嚴實費工，做出來的千層派才能讓麵皮、油脂展現層次分明的金黃色澤，一口咬下能吃到那股透著空氣的蓬鬆酥脆感。

每日限量的「三個百分點」、「醉心」採用 Michel Cluizel 72％比例的巧克力，在20℃冷氣房內手工製作，前者組合巧克力慕斯海綿蛋糕、巧克力薄片、巧克力杏仁脆片底層，撒上可可粉而成，苦甜巧克力滋味豐富濃郁，是饕客版的七星級良品；後者則調入紫鑽麥卡倫單一純麥威士忌酒，想不心醉神迷都難，是歐貝納的熱銷款。

千層派麵皮、油脂層次分明，吃得到含氧的蓬鬆酥脆感。

糕點的果醬全都自己動手做，料真味美。

蔡孟書（右）、郭雅琳築夢踏實。

耶誕樹幹蛋糕，應節推出。

Michel Cluizel 巧克力　頂級美味

檸檬甜點「隨興」也是Franck大方留在歐貝納的個人作品，融合了檸檬香草奶油醬、牛奶巧克力慕斯、榛果海綿蛋糕、巧克力餅乾碎，入口先體會到檸檬香氣，緊接著釋放出巧克力的苦甜味，最後是淡淡榛果香的臨去秋波。

蔡孟書說明選擇巧克力的用心，由Marc Cluizel先生於一九四八所創立的Michel Cluizel巧克力品牌，實際上比知名的Valrhona（法芙娜）巧克力還更早，是終極巧克力的同義詞，為全球六千多家頂級糕餅店和米其林星級餐廳、五星級飯店所愛用，品質超越Godiva。

頂級的祕訣在於Michel Cluizel對於原物料品質以及製作工序的堅持，採用最高級的單一特選莊園原物料，有別於混豆良莠不齊的品質，與世界五大莊園長期合作，嚴格監控土壤、氣候條件，製作上採用天然蔗糖代替甜菜，添加正統波旁香草而非香精，不添加蔬菜油脂及大豆卵磷脂，而能保留完整可可脂，因而能保存各莊園可可獨特的香氣及口感，巧克力蘊含厚實沈穩的木香，與輕盈的柑橘花朵香氣共舞，散發深具個性的煙燻口感以及非洲可可明亮宜人的清新酸味，歐貝納因為懂得選用最上乘的，也呈獻給懂得品味巧克力的老饕。

飲品搭配點心　品嘗幸福

店裡的「鹽之花馬卡龍」，也不惜重本，採購來自法國布列塔尼的至高級海鹽「鹽之花（Fleur de sel）」，那是每五十平方公尺才能結晶出五百公克的珍貴「鹽花」，鹹味輕柔，淡雅的紫羅蘭香氣似有若無，輕挑著舌尖上的誘惑戲碼，當嬌豔的馬卡龍與純白如雪的鹽之花圓潤地合而為一，就如同大廚從魔法高帽中，變出了一個個小巧精緻的馬卡龍，會讓人的心飄浮到遙遠的夏日海灘，為著品嘗到這份幸福而嘆息。

餵養感官饗宴，進口松露油餡的松露馬卡龍、比照法蘭西洛林北部鄉村點心的 Quiche 鹹派……一字排開，部分甜點如馬卡龍已經調整甜度，以免本地消費者覺得太甜，當然，建議別單吃甜點，而是應該像法國人那樣搭著咖啡或模里西斯島紅茶等來享用，尤其在吃千層派、三個百分點、馬卡龍時更是如此，才不會過於甜膩。

在音樂劇「Cat」裡，老貓唱著：「If you touch me. You'll understand what happiness is. Look! A new day has begun.」（如果你靠近我，你會明白幸福的真意，瞧！新的一天已經開始。）那就不妨以味蕾撫觸歐貝納 La Chouette 的糕點，遇見幸福，讓心情活過來，然後迎向一天的開始。

1. 在歐貝納享用得到正統的波爾多螺紋。
2. 太陽塔上半部是血橙餡的芒果、基底是法式杏仁餅底。

2 | 1

INFO

- 歐貝納法式點心

地址：台中市北區太原路 2 段 92 號 1F
電話：（04）2236-6826
營業時間：每日 13：00 ～ 21：00，週二店休
（另在新光三越台中店有設櫃）

FYE法樂齊

環保原料＋台灣圖騰　MIT引潮流

買進口名牌布鞋，是鞋，買MIT(made in Taiwan)本土環保布鞋，更是有意義的鞋，因為它減碳、是在地文創，還把愛心鞋送到偏鄉給孩童。透過櫥窗，可以看到FYE隨著春夏秋冬季節更替而推出的新款男女布鞋，無不展現它來自法國設計師團隊血統的鮮活魅力。這到底是怎樣的一個品牌、一家店、一個創業的故事？一份想回饋社會的理念？

在透明半圓罩裡的不是美食喔，是布鞋。

從代工到品牌　二十五年圓夢

事情得從製造鞋子的FYE品牌創辦人、盛阜國際董事長吳盛秦說起。盛阜正是義大利Kappa運動鞋在台的唯一代工廠，Kappa占盛阜在福建晉江、越南河內兩家工廠產能的70%，年產兩百五十萬雙運動鞋，其他30%生產線則幫Unbro、Yankee、Champion、NY品牌代工，至於豐原廠，主要是製造自創品牌FYE鞋子。

吳盛秦年輕時曾在台北的貿易公司工作，回想當年台灣製鞋工業起飛之際，卻受限於美、日等國，對於進口鞋量設限的配額措施，不得不仰人鼻息，於是，他心裡就埋下一顆種子：「如果有一天我也成了代工廠，一定不要只以代工自滿，要想辦法多跨出一步。」這一步，在二十五年以後終於圓夢。

當年，吳盛秦離開台北，進入香港的英商雅仕高貿易公司，歷經八年從開發生產技術工一直做到品牌協理，當時，Kappa就是他的客戶，對於他做事認真細心的態度，相當欣賞，二〇〇六年吳盛秦被改調大陸，妻子不同意，他只得辭職，籌劃獨資創業，第一張訂單就是Kappa給的。

於是他因應Kappa的布局需求，先在越南設廠，兩年後，再和已經認識將近十年的代理商 Emmanuel Cortez 談到回收再利用的概念，何不製成時尚且友善環境的環保休閒鞋？想法一拍即合，吳盛秦乃於二〇一〇年創辦 For Your Earth 品牌，簡稱 FYE，由 Emmanuel 領導法國設計團隊，當年一開賣就賣出全年上萬雙，既環保又鮮明好搭，在設計師圈子裡逐漸蔚為風潮。

台灣意象加入　不撞鞋更添美感

「一雙理想的鞋子，應該不只具有藝術美感，舒適實穿，還要環保，採少量多樣化甚至量身定做的模式，才能有品味、不撞鞋。」吳盛秦、Emmanuel 異口同聲這麼說，Emmanuel 更是開心：「生肖屬龍的團隊設計師 Benoit 設計了東方龍的圖騰在鞋面上，我們都樂於當龍的傳人。」

除了龍紋，FYE 也積極結合文創，二〇一三年把本土藝術家楊鼎獻油彩繪圖台灣原生種鳳蝶、紫斑蝶圖騰展現在鞋上，另外，也設計了桐花等在地特色圖案，搭配本真一衣品牌走秀，聚焦環保時尚，鞋品還在台灣產品的「Pinkoi 買．賣．品味台灣好設計」網路平台上展售，年輕人為了這個想法：「不想跟別人穿一樣的鞋」，願意買單。

與 FYE 合作而在勤美術館舉辦「福疊台灣」展覽的楊鼎獻認為，台灣素有蝴蝶王國的美稱，在古時候，蝴蝶也被視

3 | 1/2

1、2、3. 由法國設計師團隊設計新的鞋款，引領時尚。

作是一種福氣的象徵，有感於社會上紛紛擾擾，人心浮動，姿態美妙、自由飛翔的蝴蝶更讓人羨慕，因此他喜愛選擇蝴蝶做為創作元素，利用油彩描繪出蝴蝶身影，還把翅膀畫成寶島台灣的形狀，藉此把心裡對台灣的熱愛，化身成蝴蝶翩翩，展翅遨飛。

至於桐花，也是絕美的圖騰，吳盛秦是三義客家人，對於桐花格外有感情，透過藝術家的畫筆，桐花也下飄而駐留在布鞋上，他述說，在六〇年代，種植桐花為的是把種子榨油，用於塗抹在油紙傘上，防雨防蛀，所以它真的很富

楊鼎獻紫斑蝶、「福疊（蝴蝶）台灣」圖案飛到了布鞋上。

店裡也展示絲線、縫紉機。

店裡的後背袋產品，材質堅固。

適當使用回收絞碎的材料，再製作環保布鞋。

客家氣息，五月的桐花隨風飄落，採取很有個性的方式旋轉墜地，如同白雪覆蓋大地，所以美其名為「五月雪」，芳華更盛，純潔極了，見證桐花，浮生不若夢。

環保工法　創意與設計兼具

年輕化的文創時尚元素到位，環保用料也獨樹一格。吳盛秦指出，環保紗的技術已很成熟，FYE回收鞋子後，加上填充物，製作成鞋子的大底，可降低售價，目前，先從法國回收舊鞋底料，接下來就會用到代工所淘汰的NG（NO GOOD，瑕疵品）鞋。

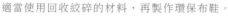

他參考Timberland回收保特瓶製鞋的作法，據稱一雙靴子使用1.5個五百毫升容量的保特瓶，FYE做到了一雙布鞋用掉2.5個以上保特瓶，由世界領導大廠日本Ultrasuede絞碎瓶身纖維，再混合有機綿，抽出環保紗，之後交予FYE豐原廠製成鞋面。仿麂皮觸感很獨特，日方說主要客戶大多為跑車及沙發座椅名牌，吳盛秦董事長竟然拿去當鞋面，很高級，也很有創意！

FYE的鞋面材質類似褲子斜紋布的布質，很國民化，色彩豐富，而鞋底、鞋墊50%是利用回收鞋攪碎，加進新材料25%天然橡膠、25%合成橡膠混製成的，使用無毒不過敏

MIT 鞋，走出自創品牌的路。

的天然染料，讓足下更舒適。

無毒原料　看不見的地方更用心

「這不過是一雙布鞋而已。」但因為有創新的思維和作法，FYE 為自己立下了潮牌文創店面。FYE 法樂齊旗艦店是二〇一二年五月開設的專賣店，有了友人林姓麻醉師的合夥與支持，店面經營起來，述說著時尚而舒適的行走主張。

秉持環保理念，鞋體嚴選有機耕種棉花為材料，混合保特瓶回收再製成的合成纖維，製成仿麂皮材質的有色面料；鞋底、鞋墊材質則有 50％ 是利用再回收鞋攪碎材料，加上 25％ 天然橡膠、25％ 合成橡膠混合製成，輕快、環保、減碳，符合時尚風格，愛護地球，很受年輕人、藝術工作者、雅痞一族認同；FYE 使用無毒水性膠水，取代傳統的粘合接著劑，使用無毒染料可降低對足部肌膚的刺激，出遊健走，是護腳良伴。

捨行銷宣傳　公益先行創意優先

吳盛秦從代工紅海到品牌藍海，一路走來，沒花什麼錢做行銷，只在網站上、專賣店賣鞋，以默默的公益送鞋活動替代名人代言廣告，二〇一四年就沿著大安溪畔執行「山林小學回饋計畫」，走過台中和平山區自由小學等五所原鄉部落學校，贈送每校貧困學童五十雙鞋。

除此之外，對於藝術創作的重視，FYE也不餘力。吳盛秦將草悟道門市裡地下室的溫馨空間，化身藝廊，而且還是個對本地創作者開放的免租金空間，可供申請舉辦發表會，這對於還不很具備名氣和銀彈的藝文創作者而言，是一股暖流。

除了自己的通路，FYE的鞋子也偏好在類似創意市集的潮舞台展示，比較能吸引年輕人的目光。「喔！原來這家店就是FYE啊！」經過的年輕人這麼說著。沒有花大錢行銷，默默地支持著偏鄉小學與藝術家的這樣一家環保布鞋店，在草悟道旁，散發著屬於自己的自信光輝，也已日漸被大家看見、賞識。

1. 盡份善心，送鞋到偏鄉給貧童。
2. 色澤鮮明的布鞋，潮客也喜歡。

1
2

特色亮點

想要有品味、不撞鞋，選擇具有台灣意象的鞋款就對了！龍紋、桐花、蝴蝶等等圖案，十足台灣味！

INFO

・FYE 法樂齊環保鞋

地址：台中市西區中興街 239 號

電話：（04）2326-2729

營業時間：週一至週五 13：30 ～ 21：30；假日 12：30 ～ 21：30，週一公休

真皮工坊

牛皮包與愛心皆如假包換

女人不只是永遠缺一件衣服、一雙鞋，也老是缺一個手提包，在掏錢買這個「擁有以後就什麼也不缺」的包包之時，這次換個思考方式，買一個高貴不貴的真牛皮手提包，同時這份錢還能表達自己的愛心。

買真皮包做公益　讓新行頭更有意義

當然，有很多商店、機構總是在募捐現金、募捐發票，當出手的那一刻，錢或發票就再也跟自己沒什麼關係了，很難徵信，無從知道它後來是怎麼處理的，是否真的到得了急難救助、需款孔急的人們手中；但在真皮工坊，店家在角落規劃出「公益區」，還擺上立達啟能中心、望高寮台灣動物緊急救援小組「台中市一人餵養百隻流浪狗貓簡媽媽」等單位的名片、電話，不論是買三九九元或九九九元的皮包，都能打電話去了解。

三九九元真能買到純牛皮的手提包？這種事還真需要親身經歷，眼見為憑。觀博股份有限公司負責人李政遠長期在

真的牛皮，不「吹牛皮」。

買 MIT 皮包，做公益，讓消費更有創意與美感。

大陸深圳一帶經營皮革廠，主要是從美國進口牛皮，身為皮革貿易台商多年，最後還是希望打自己的品牌、設計販賣屬於自己品牌的皮包，所以他創設了 Wide Harbor 品牌，就在草悟道旁的巷子裡開店自售。

長年來一直從事以牛皮為主的皮件買賣事業，李政遠對於牛皮的材質非常熟悉，眼看著有些牛皮材質絕佳，進了義大利名牌的代工廠，卻因為一點點瑕疵就得廢棄打掉，讓他覺得實在不忍、可惜。一張牛皮，代表著一頭牛的生命，不能因為牠有傷痕就推翻了生命的價值，棄如敝屣，為了讓牛隻的生命以另一種型態延續下來，他自創皮包品牌，取名真皮工坊，就是要讓有著生命刻劃疤痕的皮件到有緣人的手裡，這麼一想，除了定價物美價廉，他同時開始抱持回饋的理念，闢出愛心皮包區。

真牛皮　與義大利名牌同品質

李政遠強調，遠古時期，先民必須與大自然艱苦奮鬥，彼此分享著勞動成果與地球的珍貴資源，人類才得以生存。數千年以來，愛斯基摩人用最原始的方法製作皮革以抵抗酷寒，保留原始觸感，卻容許天然瑕疵。真皮，是極地生存禦寒的自然珍寶。

其實，牛身上難免有點傷痕或刮痕，就像人體也是這樣，但名牌皮包都取沒有刮痕的一張牛皮，或透過重複染色把缺陷遮掩住，名牌包包一個動輒好幾萬元，卻可能是更不環保的，他認為大可不必這樣，每件牛皮都代表著一個生命的存在過程，為了一丁點小缺陷就廢棄整張牛皮，或是頂多只能分製成小皮夾，實在是一種浪費，因而他決定銷售帶點刮痕的皮包，價錢只是數百元到數千元，造型、設計依然時髦美麗，更彰顯了對生命的尊重。

隨著駐足台中默默深耕，真皮工坊更要革新人們對於皮件的既有印象，消費者總是希望真皮製品可以無瑕疵、零缺點，然而天然皮革在動物生前可能因為環境、天敵、病變……等因素，在表皮造成創傷或疤痕，店家願意傳達一份深刻體悟，像愛斯基摩人對自然資源取之有道，開發有度，詮釋了人類與大自然完美的和諧相處，這些傷疤都是生命歷程所刻劃出來的痕跡，不該將之淘汰，更是真實活過的證據，反而應該擁抱傷痕。

仔細看，也許能看到細微的瘢痕，也可請店家告訴你。

保留皮質原貌　刻劃生命印記

Wide Harbor提包所使用的是觀博公司自己製革的頭層牛皮，強調的是保留皮質的原貌，不過度遮掩原皮所留下的痕跡與紋路，也保留原皮的毛細孔，堪稱是會透氣的包包。天然皮

店家也附賣皮靴以供配套。

質設計的包款，不使用重塗料遮掩，而是使用較天然環保的植物苯染藥水，以保留皮質原有的天然觸感與痕跡，留下毛細孔。也因不使用重塗料，加上製革技術改變了「真皮包就是重」的錯誤觀點，Wide Harbor 的包相對地輕鬆好提。

真皮味、文創味交融，店裡除了皮包、皮夾、零錢包、鑰匙圈，還有皮件筆記本、小飾品，以及其他廠商寄售的皮鞋、皮靴等，琳瑯滿目，令人在認同店家理念之後，讓人大呼物美價廉，更愛不釋手，尤其這裡沒有合成皮、假皮、拼貼拼補皮，也不致有爭奇鬥妍的超級鮮艷染色色調提包，店裡散發出的一股自然牛皮味道，在在傳達了真心真貨的訊息，提著走，因為心裡認同一個理念、一份關懷的愛心，走起路來更輕快了。

1. 小皮夾，款式多。
2. 草悟道巷子裡，這家皮包店「善」發公益氣息。
3、4. 一個皮包，代表著牛隻的生命歷程。

特色亮點

和義大利名牌同樣的真皮材質，留下皮質上的痕跡，打破重量的迷思，讓皮包更有溫度，更棒的是，買包還能做公益，何樂而不為。

INFO

・真皮工坊

地址：台中市西區美村路一段 117 巷 20 號之 2

電話：（04）2328-0786

營業時間；週一至週五 09：00～21：00

週六、週日 13：00～21：00

台中城市輕旅行

文創 X 美食 X 品味 一網打盡

作　　者　林麗娟
攝　　影　陳招宗
編　　輯　徐詩淵
美術設計　閻虹、美樂地、吳怡嫻

發 行 人　程顯灝
總 編 輯　呂增娣
主　　編　李瓊絲
編　　輯　鄭婷尹、陳思穎、邱昌昊、黃馨慧
美術主編　吳怡嫻
美　　編　游心苹、閻虹
行銷總監　呂增慧
行銷企劃　謝儀方、吳孟蓉

發 行 部　侯莉莉
財 務 部　許麗娟
印　　務　許丁財
出 版 者　四塊玉文創有限公司

總 代 理　三友圖書有限公司
地　　址　106 台北市安和路 2 段 213 號 4 樓
電　　話　(02) 2377-4155
傳　　真　(02) 2377-4355
E - mail　service@sanyau.com.tw
郵政劃撥　05844889 三友圖書有限公司

總 經 銷　大和書報圖書股份有限公司
地　　址　新北市新莊區五工五路 2 號
電　　話　(02) 8990-2588
傳　　真　(02) 2299-7900

製版印刷　皇城廣告印刷事業股份有限公司

初　　版　2015 年 12 月
定　　價　新臺幣 340 元
I S B N　978-986-5661-53-3（平裝）

http://www.ju-zi.com.tw
三友圖書
友直 友諒 友多聞

國家圖書館出版品預行編目 (CIP) 資料

臺中。城市輕旅行：文創 X 美食 X 品味 一網打盡 / 林麗娟著 . -- 初版 . -- 臺北市：四塊玉文創, 2015.12
面；　公分
ISBN 978-986-5661-53-3(平裝)

1. 旅遊 2. 臺中市

733.9/115.6　　104026281

廣　告　回　函
台北郵局登記證
台北廣字第2780號

地址：　　　　縣/市　　　　鄉/鎮/市/區　　　　路/街

段　　　巷　　　弄　　　號　　　樓

三友圖書有限公司 收

SANYAU PUBLISHING CO., LTD.

106　台北市安和路2段213號4樓

三友圖書
讀書俱樂部

「填妥本回函，寄回本社」，即可免費獲得好好刊。

優質好康

粉絲招募
歡迎加入

臉書／痞客幫搜尋
「微胖男女編輯社-三友圖書」
加入將優先得到出版社提供的相關優惠、新書活動等好康訊息。

旗林文化╳橘子文化╳四塊玉文創╳食為天文創

http://www.ju-zi.com.tw

https://www.facebook.com/comehomelife

親愛的讀者：
感謝您購買《台中。城市輕旅行》一書，為感謝您對本書的支持與愛護，只要填妥本回函，並寄回本社，即可成為三友圖書會員，將定期提供新書資訊及各種優惠給您。

姓名 ________________ 出生年月日 ____________________
電話 ________________ E-mail ____________________
通訊地址 ____
臉書帳號 ________________
部落格名稱 ________________

1 年齡
□ 18 歲以下 □ 19 歲～ 25 歲 □ 26 歲～ 35 歲 □ 36 歲～ 45 歲 □ 46 歲～ 55 歲
□ 56 歲～ 65 歲□ 66 歲～ 75 歲 □ 76 歲～ 85 歲 □ 86 歲以上

2 職業
□軍公教 □工 □商 □自由業 □服務業 □農林漁牧業 □家管 □學生
□其他 ________________

3 您從何處購得本書？
□網路書店 □博客來 □金石堂 □讀冊 □誠品 □其他 ________________
□實體書店 ________________

4 您從何處得知本書？
□網路書店 □博客來 □金石堂 □讀冊 □誠品 □其他 ________________
□實體書店 ________________ □ FB(微胖男女粉絲團 - 三友圖書)
□三友圖書電子報 □好好刊 (季刊) □朋友推薦 □廣播媒體 ________________

5 您購買本書的因素有哪些？（可複選）
□作者 □內容 □圖片 □版面編排 □其他 ________________

6 您覺得本書的封面設計如何？
□非常滿意 □滿意 □普通 □很差 □其他 ________________

7 非常感謝您購買此書，您還對哪些主題有興趣？（可複選）
□中西食譜 □點心烘焙 □飲品類 □旅遊 □養生保健 □瘦身美妝 □手作 □寵物
□商業理財 □心靈療癒 □小說 □其他 ________________________________

8 您每個月的購書預算為多少金額？
□ 1,000 元以下 □ 1,001 ～ 2,000 元 □ 2,001 ～ 3,000 元 □ 3,001 ～ 4,000 元
□ 4,001 ～ 5,000 元 □ 5,001 元以上

9 若出版的書籍搭配贈品活動，您比較喜歡哪一類型的贈品？（可選 2 種）
□食品調味類 □鍋具類 □家電用品類 □書籍類 □生活用品類 □ DIY 手作類
□交通票券類 □展演活動票券類 □其他 ________________

10 您認為本書尚需改進之處？以及對我們的意見？
____

感謝您的填寫，
您寶貴的建議是我們進步的動力！